Rudolf Steiner Taschenbücher
aus dem Gesamtwerk

Rudolf Steiner

Wiederverkörperung und Karma

und ihre Bedeutung für die Kultur der Gegenwart

Aufsätze, Fragenbeantwortungen
und Vorträge 1903 bis 1912

RUDOLF STEINER VERLAG
DORNACH/SCHWEIZ

Herausgegeben von der Rudolf Steiner-Nachlaßverwaltung

Die Zusammenstellung dieser Ausgabe besorgte Hella Wiesberger

Die *Aufsätze und Fragenbeantwortungen* erschienen erstmals
in der Zeitschrift «Luzifer» und «Lucifer-Gnosis», Oktober 1903 bis 1906
Sie sind enthalten in dem Band der Rudolf Steiner Gesamtausgabe
«Lucifer-Gnosis. Grundlegende Aufsätze zur Anthroposophie»
(Bibliographie-Nr. 34, ISBN 3-7274-0340-3)
1. Auflage Dornach 1960

Die *Vorträge* sind wiedergegeben nach dem Band
der Rudolf Steiner Gesamtausgabe
«Wiederverkörperung und Karma ...»
(Bibliographie-Nr. 135, ISBN 3-7274-1350-6)
3. Auflage Dornach 1978

Taschenbuchausgabe
1.–5. Tsd. Dornach 1985
6.–15. Tsd. Dornach 1987

Bestell-Nr. tb 6470

Zeichen auf dem Umschlag und Titelblatt von Rudolf Steiner

Alle Rechte bei der Rudolf Steiner-Nachlaßverwaltung, Dornach/Schweiz
© 1985 by Rudolf Steiner-Nachlaßverwaltung, Dornach/Schweiz
Printed in Germany by Clausen & Bosse, Leck

ISBN 3-7274-6470-4

ZU DIESER AUSGABE

Die Fragen nach dem tieferen Sinn des Lebens und des menschlichen Schicksals auf Erden hängen auf das engste zusammen mit der Frage: Leben wir nur einmal oder steht dieses Leben in einer Folge von immer neuen Verkörperungen? Der letzteren Ansicht neigen sich in unserer Zeit immer mehr Menschen zu, wie aus den zahlreichen Publikationen zu entnehmen ist, die sich mit dem Thema «Wiederverkörperung» befassen.

Schon im Beginn dieses Jahrhunderts gab Rudolf Steiner eine gedankliche Grundlegung in seinen Schriften «Reinkarnation und Karma» und «Wie Karma wirkt», in denen die «vom Standpunkte der modernen Naturwissenschaft notwendigen Vorstellungen» zu diesem Thema entwickelt werden. Sie sind der Auftakt seiner umfassend ausgearbeiteten Forschung auf diesem zentralen Gebiet der anthroposophisch orientierten Geisteswissenschaft. Die Ergebnisse seiner Geistesforschung stellte er in zahlreichen Vorträgen und Vortragsreihen dar (siehe Literaturhinweis auf Seite 171 dieses Bandes).

Die vorliegende Taschenbuchausgabe enthält im ersten Teil die beiden grundlegenden Aufsätze, ergänzt um schriftliche Fragenbeantwortungen aus der von R. Steiner herausgegebenen Zeitschrift «Lucifer-Gnosis».

Im zweiten Teil sind fünf Vorträge wiedergegeben, die 1912 in Berlin und Stuttgart für die Mitglieder der damaligen Deutschen Sektion der Theosophischen Gesellschaft gehalten worden waren, in deren Rahmen Rudolf Steiner zu jener Zeit seine anthroposophisch-geisteswissenschaftlichen Forschungsergebnisse darstellen konnte. Am Ende des gleichen Jahres erfolgte die Trennung von der Theosophischen und die Begründung der Anthroposophischen Gesellschaft.

Da die Vorträge an einen internen Zuhörerkreis gerichtet waren, konnte Rudolf Steiner eine gewisse Kenntnis der geisteswissenschaftlichen Grundbegriffe voraussetzen, welche in seinen grundlegenden Werken dargestellt sind (siehe Literaturhinweise am Schluß dieses Bandes). Zu beachten ist ferner, daß die Vorträge frei gesprochen wurden und dem gedruckten Text Mitschriften von Zuhörern zugrundeliegen, die ursprünglich nicht für den Druck vorgesehen waren. Die Möglichkeit von Lücken oder Nachschriftenfehlern kann deshalb nicht völlig ausgeschlossen werden.

INHALT

ERSTER TEIL

Zwei Aufsätze

Reinkarnation und Karma, vom Standpunkte der modernen Naturwissenschaft notwendige Vorstellungen (Oktober/November 1903) 11
    Anmerkungen von Rudolf Steiner 32

Wie Karma wirkt (Dezember 1903) 34
    Anmerkungen von Rudolf Steiner 47

Fragen und Antworten 49–64
    Von dem Verhältnis der physischen zur übersinnlichen Wesenheit des Menschen (Dezember 1903) – Gibt es einen Zufall? (Juli 1904) – Über Geisteskrankheiten (Juli 1904) – Über das Verhältnis der Tierseele zur Menschenseele (August 1904) – Über Vererbung von Anlagen und Fähigkeiten (Oktober 1904) – Wiederverkörperung – im hilflosen Kinde? (Dezember 1904) – Sind aufeinanderfolgende Inkarnationen einander ähnlich? (Dezember 1904) – Idiotie (Dezember 1904) – Gehen frühere Fähigkeiten der Menschenseele verloren? (Februar 1905) – Wie hat man sich Gesundheit und Krankheit im Sinne des Karmagesetzes zu denken? (1906)

ZWEITER TEIL

Erster Vortrag, Berlin, 23. Januar 1912 69
    Wie gelangt man zu einer unmittelbaren Anschauung von dem geistig-seelischen Wesenskern des Menschen, der durch die wiederholten Erdenleben durchgeht? Die Umwandlung der Formen und Kräfte beim Übergang von einer Inkarnation zu anderen nach bestimmten Gesetzen: Inneres wird zu Äußerem, Äußeres wird zu Innerem. Die karmischen Folgen des Materialismus für die nächste Inkarnation der gegenwärtigen Menschheit. Die Umwandlung der Gedanken in Kräfte, die das nächste Erdenleben mitgestalten.

Zweiter Vortrag, Berlin, 30. Januar 1912 84
Die Notwendigkeit der Ausbildung eines besonderen Empfindungs-Erinnerungsvermögens durch Seelenübungen, um zum realen Erleben der Reinkarnation zu kommen. Die Berufung zu einem spirituellen Leben durch das Erleben einer karmischen Krisis. Das Hineingestelltsein in die geistige Welt.

Dritter Vortrag, Berlin, 5. März 1912 104
Reinkarnation und Karma als die Fundamental-Ideen der anthroposophischen Weltanschauung und ihre moralbegründende Kraft. Karmische Zusammenhänge. In der Mitte des einen Lebens verbindet sich der Mensch in der Regel durch freie Wahl mit denen, die in einem folgenden Leben seine Blutsverwandten werden (Eltern, Geschwister). Der zukünftige umgestaltende Einfluß der Ideen von Reinkarnation und Karma auf die Wissenschaften und das gesamte Leben der abendländischen Kultur.

Erster Vortrag, Stuttgart, 20. Februar 1912 125
Der Zusammenhang von Zufallsereignissen im Leben mit dem menschlichen Schicksal. Gedankenübungen, um zu Erfahrungen über Reinkarnation und Karma zu kommen. Karmische Zusammenhänge: Begegnungen in der Lebensmitte mit Persönlichkeiten, die am Lebensanfang der vorhergehenden oder nächsten Inkarnation den Menschen als Blutsverwandte umgeben. Die Möglichkeit der logischen Prüfung der okkulten Mitteilungen.

Zweiter Vortrag, Stuttgart, 21. Februar 1912 143
Die Überführung der Überzeugung von Reinkarnation und Karma in das allgemeine Leben und die Schaffung neuer Lebensformen. Die Kluft zwischen innerer Überzeugung und äußerem Leben. Die sozialen Verhältnisse; Arbeit und Lohn. Der gegenwärtige Kulturzustand als Ergebnis der verschiedenen Karmen der einzelnen heute auf der Erde lebenden Persönlichkeiten. Glauben und Wissen im karmischen Zusammenhang: Abwechslung zwischen einer gläubigen und einer vernunftmäßigen Inkarnation als karmische Regel. Abwechslung zwischen Liebegefühl in der einen und Selbstgefühl in der andern Inkarnation. Die Verarmung und Schwächung der Seelen in der letzten Inkarnation und ihre Stärkung durch Verinnerlichung und das Durchdrungensein mit der Wahrheit von Reinkarnation und Karma.

Anmerkungen des Herausgebers 165
Literaturhinweis 172
Übersicht über die Rudolf Steiner Gesamtausgabe 174

ERSTER TEIL

Reinkarnation und Karma
vom Standpunkte der modernen
Naturwissenschaft notwendige Vorstellungen

Oktober / November 1903

Wie Karma wirkt

Dezember 1903

Fragen und Antworten

November 1903 bis 1906

Erstmals veröffentlicht in der Zeitschrift
«Luzifer», ab 1904 «Lucifer-Gnosis»

REINKARNATION UND KARMA
VOM STANDPUNKTE DER MODERNEN NATURWISSENSCHAFT
NOTWENDIGE VORSTELLUNGEN

Als ein gefährlicher Ketzer galt der tonangebenden Weisheit des siebzehnten Jahrhunderts der italienische Naturforscher *Francesco Redi*, weil er behauptete, daß auch die niedersten Tiere durch Fortpflanzung entstehen. Nur mit knapper Not entging er dem Märtyrerschicksal Giordano Brunos oder Galileis. Denn der rechtgläubige Gelehrte der damaligen Zeit meinte, daß Würmer, Insekten, ja selbst Fische aus leblosem Schlamm entstehen können. Nichts anderes hat *Redi* behauptet, als was heute allgemein anerkannt ist, daß alles Lebendige von einem Lebendigen abstammt. Er hat die Sünde begangen, eine Wahrheit zu kennen, zwei Jahrhunderte bevor die Wissenschaft «unumstößliche Beweise» für sie fand. Seit *Pasteur* seine Untersuchungen angestellt hat, kann kein Zweifel mehr darüber walten, daß man es lediglich mit einer Täuschung zu tun hatte in solchen Fällen, in denen man früher geglaubt hat, aus leblosen Substanzen entständen durch «Urzeugung» lebendige Wesenheiten. Die in derlei leblose Substanzen eindringenden Lebenskeime entzogen sich der Beobachtung. Durch sichere Mittel hat Pasteur das Eindringen solcher Keime in Substanzen, in denen für gewöhnlich kleine Lebewesen entstehen, verhindert – und es bildete sich nicht eine Spur des Lebendigen. Das Lebendige entsteht also nur aus dem Lebenskeime. Redi hatte vollkommen recht.

In einer ähnlichen Lage wie der italienische Denker ist heute der Anthroposoph. Er muß auf Grund seines Wissens das von dem *Seelischen* sagen, was *Redi* von dem Lebendigen gesagt hat. Er muß behaupten: Seelisches kann nur aus Seelischem entstehen. Und wenn die Naturwissenschaft in derselben Richtung sich weiterbewegt, die sie seit dem siebzehnten Jahrhundert genommen hat, dann wird auch die Zeit kommen, in der sie selbst – aus sich heraus – diese Anschauung vertreten wird. Denn – das muß immer von neuem betont werden – der anthroposophischen Anschauung von heute liegt genau die gleiche Denkgesinnung zugrunde wie der naturwissenschaftlichen Behauptung, daß Insekten, Würmer und Fische nicht aus Schlamm, sondern aus Lebenskeimen entstehen. Und sie behauptet den Satz: «Jede Seele entsteht aus Seelischem» in demselben Sinne und in derselben Bedeutung wie der Naturforscher den seinigen: «Alles Lebendige entsteht aus Lebendigem.»[1]

Die Sitten sind heute andere als im siebzehnten Jahrhundert. Die den Sitten zugrunde liegenden Gesinnungen haben sich nicht sonderlich geändert. Im siebzehnten Jahrhundert verfolgte man ketzerische Anschauungen allerdings mit Mitteln, die heute nicht mehr human erscheinen. Man wird die Anthroposophen heute nicht gerade mit dem Feuertode bedrohen: man begnügt sich damit, sie dadurch unschädlich zu machen, daß man sie für Schwärmer und unklare Köpfe erklärt. Die landläufige Wissenschaft stempelt sie zu Toren. An die Stelle der früheren Hinrichtung durch die Inquisition ist die neue Hinrichtungsart, die journalistische, getreten. Nun, die Anthroposophen stehen aufrecht: sie trösten sich mit dem Bewußtsein, daß die Zeit kommen werde, in der man von irgendeinem Virchow ungefähr hören wird: «Es gab eine Zeit – wir sind glücklich, daß die überwunden ist –, in der man glaubte, daß die Seele von selbst entstehe, wenn gewisse komplizierte chemische und physikalische Vorgänge innerhalb einer Hirnschale sich abspielen. Heute aber muß für jeden ernsten Forscher solch kindliche Vorstellung dem Satze weichen: *Jedes Seelische entsteht aus Seelischem.*» Und der Chorus «aufgeklärter» Journalisten verschiedener Parteirichtungen wird – falls dann nicht solcher Journalismus selbst unter die Kindereien gerechnet wird –, er wird dann schreiben: «Der geniale Forscher X hat mannhaft die Fahne aufgeklärter Seelenwissenschaft entrollt und den Aberglauben einer mechanischen Naturanschauung zu Paaren getrieben, der noch auf der Naturforscherversammlung des Jahres 1903 durch den Breslauer Chemiker Ladenburg wahre Triumphe feiern durfte.»

Nun soll man sich aber ja nicht dem Wahn hingeben, die Geisteswissenschaft wolle aus der Naturwissenschaft heraus ihre Wahrheiten *bewei-*

---

[1] Siehe Anmerkungen am Schluß des Aufsatzes, Seite 32.

sen. Was betont werden muß, ist vielmehr, daß die Geisteswissenschaft die gleiche *Gesinnung* hat wie die wahre Naturwissenschaft. Der Anthroposoph vollbringt nur für die Gebiete des seelischen Lebens dasselbe, was der Naturforscher für das zu erreichen strebt, was er mit Augen sehen und mit Ohren hören kann. Zwischen echter Naturforschung und Geisteswissenschaft kann *kein Widerspruch* bestehen. Der Anthroposoph legt dar, daß die Gesetze, die er für das Seelenleben aufstellt, in entsprechender Weise auch für die äußeren Naturerscheinungen gelten. Er tut es deshalb, weil er weiß, daß das menschliche Erkenntnisgefühl sich nur dann befriedigt erklären kann, wenn es einsieht, daß Einklang und nicht Widerspruch ist zwischen den verschiedenen Erscheinungsgebieten des Daseins. Heute sind ja die meisten Menschen, die sich überhaupt um Erkenntnis und Wahrheit bemühen, mit gewissen naturwissenschaftlichen Einsichten bekannt. Solche Wahrheiten fliegen dem Menschen, sozusagen, auf der Straße an. Die Unterhaltungsbeilagen der Zeitungen enthüllen dem Gebildeten und auch dem Ungebildeten die Gesetze, wie sich die vollkommenen Tiere aus den unvollkommenen entwickeln, welch tiefgehende Verwandtschaft zwischen dem Menschen und dem höchststehenden Affen bestehe, und flinke Wochenblattschreiber werden nicht müde, ihren Lesern einzuschärfen, wie sie über den «Geist» zu denken haben im Zeitalter des «großen Darwin». Sie fügen höchst selten hinzu, daß sich in Darwins Hauptwerk auch der Satz findet: «Ich halte dafür, daß alle organischen Wesen, die je auf dieser Erde gelebt haben, von einer Urform abstammen, *welcher das Leben vom Schöpfer eingehaucht wurde.*» – In einem solchen Zeitalter ist es höchst notwendig, immer wieder und wieder zu zeigen, daß es sich die Anthroposophie mit dem «Einhauchen des Lebens» und auch der Seele nicht so leicht macht wie Darwin und manche Darwinianer, daß aber ihre Wahrheiten mit den Ergebnissen wahrer Naturforschung nicht in Widerspruch stehen. Nicht auf der Krücke der Naturwissenschaft der Gegenwart will die Anthroposophie zu den Geheimnissen des Geisteslebens vordringen, sondern nur sagen will sie: «Erkennet die Gesetze des geistigen Lebens, und ihr werdet diese hohen Gesetze auch in entsprechender Form bewahrheitet finden, wenn ihr auf das Gebiet heruntersteigt, wo ihr mit Augen sehen und mit Ohren hören könnt. Die Naturwissenschaft der Gegenwart widerspricht nicht der Geisteswissenschaft, sondern sie ist selbst elementare Geisteswissenschaft. Haeckel hat es im Gebiete des tierischen Lebens nur deshalb zu so schönen Ergebnissen gebracht, weil er die Gesetze, welche die Seelenforscher seit langem auf die Seele anwenden, nun auch auf die Entwicklung des tierischen Lebens anwandte. Wenn er selbst nicht diese Überzeugung hat, so tut das nichts; er kennt eben die Seelengesetze nicht und weiß auch nichts von den Forschungen, die man auf dem Felde der Seele anstellen kann. Die Bedeutung seiner Ergebnisse auf *seinem* Gebiete wird dadurch nicht geringer. Große Männer haben die Fehler ihrer Tugenden. Unsere Aufgabe ist, zu zeigen, daß Haeckel da, wo er zu Hause ist, nichts anderes ist als *Anthroposoph*.» – Und noch ein anderes Hilfsmittel bietet sich dem Geisteswissenschafter durch die Anknüpfung an die naturwissenschaftlichen Erkenntnisse der Gegenwart. Die Dinge der äußeren Natur sind gewissermaßen mit den Händen zu greifen. Deshalb ist es leicht, ihre Gesetze klarzulegen. Sich zu vergegenwärtigen, daß Pflanzen sich verändern, wenn sie aus einer Gegend in eine andere versetzt werden, macht keine Schwierigkeiten. Daß gewisse Tierarten die Sehkraft ihrer Augen verlieren, wenn sie eine Zeitlang in finsteren Höhlen leben, ruft unschwer *anschauliche* Vorstellungen hervor. Wenn man nun zeigt, welche Gesetze in solchen Vorgängen wirken, so kann man von da aus leicht zu den minder anschaulichen, weniger faßbaren Gesetzen hinüberleiten, die uns auf dem Gebiete des seelischen Lebens entgegentreten. – Veranschaulichen und nichts anderes will der Anthroposoph, wenn er die Naturwissenschaft zu Hilfe ruft. Er hat zu zeigen, daß sich auf ihrem Gebiete die anthroposophischen Wahrheiten in entsprechender Form wiederfinden, daß die Naturwissenschaft nichts anderes sein kann als elementare Geisteswissenschaft; und er hat sich der naturwissenschaftlichen Vorstellungen zu bedienen, um zu seinen höher gearteten hinüberzuleiten.

Nun könnte ja hier auch eingewendet werden, daß jegliche Hinneigung zu den gegenwärtigen naturwissenschaftlichen Vorstellungen die Geisteswissenschaft schon deshalb in eine schiefe Lage bringen könne, weil diese Vorstellungen selbst auf einem ganz unsicheren Boden ruhen. Es ist richtig: da gibt es Naturforscher, die gewisse Grundlinien des Darwinismus für unumstößliche Wahrheiten halten, und andere, die bereits von einer «Krisis des Darwinismus» sprechen. Die einen finden in der «Allmacht der Naturzüchtung», im «Kampf ums Dasein» umfassende Erklärungsgründe für die Entwickelung der Lebewesen; die andern verweisen diesen «Kampf ums Dasein» zu den Kinderkrankheiten der neueren Naturlehre und reden von der «Ohnmacht der Naturzüchtung». – Wenn es auf diese besonderen strittigen Punkte ankäme, dann könnte man als Anthroposoph wahrlich nichts Besseres tun, als sich um sie vorläufig nicht bekümmern, und für den Einklang mit der Naturwissenschaft einen Zeitpunkt abwarten, der besser als der gegenwärtige ist. Aber eben darauf kommt es gar nicht an. Es handelt sich vielmehr um eine gewisse Gesinnung, um eine Denkungsart innerhalb des naturwissenschaftlichen Forschens in unserer Zeit, um bestimmte große Richtungslinien, die überall eingehalten werden, wenn auch die Gedanken über besondere Fragen bei einzelnen Forschern und Denkern weit auseinandergehen. Wahr ist: Ernst Haeckels und Virchows Anschauungen über die «Abstammung des Menschen» gehen weit auseinander. Aber der anthroposophisch Gesinnte könnte froh sein, wenn die maßgebenden Persönlichkeiten über gewisse große Gesichtspunkte in bezug auf das Seelenleben so weit in klarer Weise dächten, wie diese *Gegner* über dasjenige, was ihnen bei allem Streit doch als absolut sicher gilt. Weder Haeckels noch Virchows Anhänger suchen heute den Ursprung der Würmer im leblosen Schlamm, weder die ersten, noch die letzteren zweifeln an dem Satze: «alles Lebendige stammt aus Lebendigem» in dem oben bezeichneten Sinne. – In der Seelenkunde haben wir es so weit noch nicht gebracht. Da fehlt jede Klarheit über einen Gesichtspunkt, der sich mit solchen naturwissenschaftlichen Grundüberzeugungen vergleichen ließe. Wer die Gestalt und Lebensweise eines Wurmes erklären will, weiß, daß er zum Wurm-Ei und zu den Vorfahren des Wurmes hinaufsteigen muß; er weiß, in welcher *Richtung* er forschen muß, wenn auch über alles Weitere verschiedene Ansichten herrschen, oder auch behauptet wird, die Zeit sei noch nicht reif, über diesen oder jenen Punkt bestimmte Gedanken zu erzeugen. – Wo wäre in der Seelenkunde eine ähnliche Klarheit? Daß die Seele[2] geistige Eigenschaften habe, wie der Wurm physische, veranlaßt nicht, wie es doch sollte, an die eine Tatsache mit derselben Forschergesinnung heranzutreten wie an die andere. Allerdings steht unsere Zeit unter dem Einfluß von *Denkgewohnheiten*, die bewirken, daß Unzählige aus den Reihen derer, die sich mit diesen Dingen beschäftigen, gar nicht einmal auf eine solche Forderung in entsprechender Art eingehen wollen. – Gewiß: es wird zur Not zugegeben, daß auch die seelischen Eigenschaften eines Menschen geradeso irgendwoher stammen müssen wie die physischen. Es werden Erwägungen darüber angestellt, wie es denn komme, daß die Seelen einer Schar von Kindern so verschieden sind, die alle unter gleichen Umständen aufgewachsen und erzogen sind, daß sogar Zwillinge in wesentlichen Eigenarten voneinander abweichen, die stets an demselben Orte, unter der Obhut einer Amme gewesen sind. Man führt wohl auch gelegentlich an, daß es von «den siamesischen Zwillingen heißt, ihre letzten Lebensjahre wären infolge ihrer entgegengesetzten Sympathien im nordamerikanischen Bürgerkriege recht unbehaglich gewesen.» Übrigens soll gar nicht behauptet werden, daß nicht sorgfältiges Nachdenken und Beobachten auf solche Erscheinungen gewendet worden und nicht beachtenswerte Arbeiten darüber vorlägen. Aber es ist das Gewöhnliche, daß sich solche Arbeiten zum Seelischen so verhalten, wie sich eben der Naturforscher zum Lebendigen verhalten würde, wenn er einfach seine Herkunft aus dem leblosen Schlamme behaupten wollte. Es ist zweifellos berechtigt, wenn man zur Erklärung der niederen seelischen Eigenschaften zu den physischen Vorfahren hinaufsteigt und ebenso von Vererbung spricht, wie man es für die körperlichen Merkmale tut. Aber man *will* die Augen vor dem Wesentlichsten verschließen, wenn man dieselbe Richtung für die höheren Seeleneigenschaften, für das eigentlich Geistige im Menschen nimmt. Man hat sich eben daran gewöhnt, diese höheren seelischen Eigenschaften nur als eine Steigerung, als einen höheren Grad der niederen zu betrachten. Und man meint deshalb, man könne sich mit einer Erklärung zufriedengeben, die in demselben Sinne gehalten ist wie diejenige der seelischen Eigenschaften der Tiere.

Es soll nicht geleugnet werden, daß die Beobachtung gewisser seelischer Verrichtungen der höheren Tiere zu einer solchen Anschauung leicht verführt. Man braucht ja nur darauf hinzuweisen, daß Hunde merkwürdige Beweise eines treuen Gedächtnisses geben, daß Pferde, die den Mangel eines Hufeisens bei sich bemerken, selbst zur Schmiede gehen, in der sie gewöhnlich beschlagen werden; daß sogar Tiere, die in einem Zimmer eingeschlossen sind, sich selbst die Klinke öffnen, und was an dergleichen erstaunlichen Dingen mehr angeführt werden kann. Gewiß: auch der Anthroposoph wird nicht ermangeln, jede beliebige Steigerung der tierischen Fähigkeiten zuzugeben. Aber soll man deshalb allen Unterschied zwischen den niederen Seelenmerkmalen, die der Mensch mit den Tieren gemein hat, und den höheren geistigen Eigenschaften, die nur ihm eignen, verwischen? Nur der kann das, der durch ein dogmatisches Vorurteil der «Wissenschaft» ganz geblendet ist, welche am Grobsinnlichen haften bleiben *will*. Man nehme doch nur die durch einwandfreie Beobachtung festgestellte Tatsache, daß die Tiere, auch die höchststehenden, nicht zählen, und daher auch nicht rechnen lernen. Schon in alten Weisheitsschulen galt es als ein vielsagender Satz, daß sich der Mensch dadurch vom Tiere unterscheide, daß er zählen könne. – Das Zählen ist die einfachste, die trivialste der höheren Seelenfähigkeiten. Eben deshalb sei es hier angeführt als der Grenzpunkt, wo das Tierisch-Seelische in das Geistig-Seelische, in das höhere Menschliche übergeht. Es ist natürlich kinderleicht, auch hier Einwände zu machen. Erstens kann man sagen, daß ja noch nicht aller Tage Abend ist und daß einmal gelingen könne, was bisher nicht gelungen ist: gewissen intelligenten Tieren das Zählen beizubringen. Und zweitens möchte man wohl darauf hinweisen, daß ja des Menschen Gehirn immerhin sich dem der Tiere gegenüber vervollkommnet habe; und daß es einfach daher komme, wenn es höhere Grade von Seelentätigkeiten hervorbringe. Man mag dem, der solche Einwände macht, nicht einmal, sondern hundertmal recht geben. Aber in derselben Lage ist man bei solchen, die gegenüber der Tatsache, daß alles Leben aus Lebendigem hervorgeht, immer wieder behaupten: aber im Wurm herrschen dieselben chemischen und physikalischen Gesetze wie im Schlamme, nur in komplizierterer Weise. Wer mit Trivialitäten und Selbstverständlichkeiten durchaus die Geheimnisse der Natur enthüllen will, dem wird eben schwer zu helfen sein. Es gibt Leute, die den Grad von Verstand, zu dem sie sich gerade emporgerungen haben, für den denkbar höchsten halten, und die deshalb gar nicht darauf verfallen, daß ein anderer sich vielleicht ihre trivialen Einwände selbst machen könnte, wenn er nicht deren Nichtigkeit einsähe. – Es ist gar nichts dagegen einzuwenden, daß alle *höheren* Verrichtungen in der Welt nur Steigerungen der niederen sind, daß die im Wurm herrschenden Gesetze Steigerungen derjenigen sind, die im Schlamme anzutreffen sind. Aber so wie heute kein Einsichtiger die Herkunft des Wurmes aus dem Schlamme behauptet, so *kann* kein klar Denkender das Geistig-Seelische in dieselbe Begriffsschablone bringen wollen wie das Tierisch-Seelische. Wie man zunächst in der Reihe des Lebendigen bleibt, um dieses Lebendige seiner Abstammung nach zu erklären, so muß man im Reich des Seelisch-Geistigen bleiben, um das Seelisch-Geistige seiner Herkunft nach zu verstehen.

Es gibt Tatsachen, die überall beobachtet werden können und an denen unzählige Menschen vorbeigehen, ohne sich besondere Gedanken dabei zu machen. Einmal kommt einer und macht an einer solch jedermann zugänglichen Tatsache die Entdeckung einer folgenschweren Wahrheit. An einer schwingenden Kirchenlampe soll Galilei das wichtige Gesetz der Pendelschwingung bemerkt haben. Vorher haben unzählige Menschen Kirchenlampen schwingen sehen, ohne daran diese tiefgreifende Bemerkung zu machen. Es kommt darauf an, daß man mit den Dingen, die man sieht, die rechten Gedanken verknüpft. Nun gibt es eine Tatsache, die ganz allgemein zugänglich ist, und die, richtig angesehen, ein helles Licht wirft auf den Charakter des Seelisch-Geistigen. Das ist die einfache Wahrheit, daß jeder Mensch eine Biographie hat, das Tier aber keine. Zwar werden wieder manche sagen: Kann man denn nicht auch die Lebensgeschichte einer Katze oder eines Hundes schreiben? Ihnen ist zu antworten: zweifellos, aber es gibt auch Schulaufgaben, in denen man von den Kindern verlangt: sie sollen die Schicksale einer Schreibfeder erzählen. Doch handelt es sich darum, daß für den einzelnen Menschen die Biographie dieselbe grundwesentliche Bedeutung hat, wie für das Tier die Beschreibung seiner Art. In demselben Sinne, in dem mich bei dem Löwen die Beschreibung der *Löwenart* interessiert, beschäftigt mich beim einzelnen Menschen die Biographie. Schiller, Goethe und Heine sind nicht in demselben Sinne für mich erschöpft, wenn ich ihre Menschenart beschreibe, wie der einzelne Löwe für mich erschöpft ist, wenn ich ihn als Exemplar seiner Gattung erkannt habe. Der einzelne Mensch ist mehr als ein Exemplar der Menschengattung. Er hat in demselben Sinne seine Gattungsmerkmale mit seinen physischen Vorfahren gemein wie das Tier. Aber wo das Gattungsmäßige aufhört, da beginnt für den Menschen das, was seine besondere Stellung, seine Aufgaben in der Welt bedingt. Und wo dieses anfängt, da hört alle Möglichkeit einer Erklärung nach der Schablone der tierisch-physischen Vererbung auf. Ich kann Schillers Nase und Haare, vielleicht auch gewisse Temperamentseigenschaften auf Entsprechendes bei seinen Vorfahren zurückführen, aber nicht sein Genie. Und das gilt natürlich nicht nur von Schiller. Das gilt auch von der Frau Müller aus Krähwinkel. Auch bei ihr wird man, wenn man nur zusehen will, Seelisch-Geistiges finden, das durchaus nicht in der gleichen Art bei ihren Eltern und Großeltern gefunden werden könnte, wie ihre Nase und ihre blauen Augen. Zwar hat Goethe gesagt, vom Vater habe er die Statur und des Lebens ernstes Führen, vom Mütterchen die Frohnatur und Lust zu fabulieren, und deshalb wäre an dem ganzen Wicht nichts original zu nennen. Nun, trotzdem wird aber niemand versuchen, Goethes Begabung in demselben Sinne von Vater und Mutter herzuleiten, und sich damit befriedigt erklären, wie man die Form und Lebensart des Löwen aus seinen Vorfahren herleitet. – Hier liegt die Richtung, welche die Seelenkunde nehmen muß, wenn sie dem naturwissenschaftlichen Satz: «Alles Lebendige stammt aus Lebendigem» den entsprechenden an die Seite stellen will: «Alles Seelische ist aus Seelischem zu erklären.» Wir werden weiterhin diese Richtung verfolgen und zeigen, wie die Gesetze von Reinkarnation und Karma von diesem Gesichtspunkte aus eine *naturwissenschaftliche Notwendigkeit* sind.

Es erscheint höchst sonderbar, daß so viele an der Frage nach der Herkunft des Seelischen vorbeigehen, rein aus Furcht, daß sie dabei in ein unsicheres Wissensgebiet kommen könnten. Ihnen muß vorgehalten werden, was der große Naturforscher *Carl Gegenbaur* vom Darwinismus gesagt hat. Mögen die unmittelbaren Behauptungen Darwins auch nicht ganz richtig sein, sie waren Führer zu Entdeckungen, die ohne sie nicht wären gemacht worden. Darwin hat in einleuchtender Weise auf die Entwickelung der Lebensformen aus einander hingewiesen, und das hat dazu angespornt, die Zusammenhänge solcher Formen zu suchen. Auch diejenigen, welche die Irrtümer des Darwinismus bekämpfen, müßten sich darüber klar sein, daß dieser selbe Darwinismus der Erforschung tierischer und pflanzlicher Entwickelung *Klarheit* und *Sicherheit* gebracht hat, und daß er durch sie in dunkle Gebiete des Naturwirkens hineingeleuchtet hat. Seine Irrtümer wird er durch sich selbst überwinden. Wäre er nicht gewesen, so hätten wir auch seine Folgen nicht. Und den anthroposophischen Anschauungen müßte für das *geistige Leben* ein gleiches auch derjenige zugestehen, der diesen Lehren gegenüber Unsicherheit fürchtet. Auch wenn sie nicht ganz richtig wären, würden sie aus sich selbst zum Licht über die Rätselfragen der Seele führen. Auch ihnen wird *Klarheit* und *Sicherheit* verdankt werden. Und da sie sich auf unser geistiges Schicksal, auf unsere menschliche Bestimmung, auf unsere höchsten Aufgaben beziehen, so müßte die Herbeiführung dieser Klarheit und Sicherheit die wichtigste Angelegenheit unseres Lebens sein. Auf diesem Gebiete ist das Streben nach Erkenntnis zugleich eine moralische Notwendigkeit, eine unbedingte *sittliche Verpflichtung*.

Eine Art Bibel des «aufgeklärten» Menschen der neuen Zeit wollte *David Friedrich Strauß* in seinem 1872 erschienenen Buche «Der alte und der neue Glaube» liefern. Dem «neuen Glauben» sollen die Offenbarungen der Naturwissenschaft zugrunde liegen und nicht die, nach der Meinung des genannten Apostels der Aufklärung überlebten, Offenbarungen des «alten Glaubens». Unter dem Eindruck der Darwinschen Vorstellungen ist die neue Bibel geschrieben. Und sie rührt von einer Persönlichkeit her, die sich gesagt hat: wer gleich mir zu den aufgeklärten Menschen sich rechnet, der hat längst vor Darwin nicht an die «übernatürliche Offenbarung» und ihre Wunder geglaubt. Er hat sich klar gemacht: in der Natur walten notwendige, unabänderliche Gesetze, und was uns die Bibel als Wunder erzählt, wären Störungen, Unterbrechungen dieser Gesetze; und solche kann es nicht geben. Wir wissen nach Naturgesetzen, daß kein

Toter wieder lebendig werden kann: also kann auch Jesus den Lazarus nicht auferweckt haben. – Aber nun – so sagt sich unser Aufgeklärter weiter – hatte unsere Naturerklärung eine Lücke. Wir vermochten einzusehen, wie die leblosen Erscheinungen durch unabänderliche Naturgesetze erklärt werden können; aber wie die mannigfaltigen Arten der Pflanzen und Tiere und der Mensch selbst entstanden seien: davon konnten wir uns keine naturgemäße Vorstellung machen. Wir glaubten zwar, daß auch da nur notwendige Naturgesetze in Betracht kämen; aber welche es seien, und wie sie wirken, davon wußten wir nichts. Was wir uns auch Mühe gaben: etwas Vernünftiges konnten wir nicht einwenden gegen das, was Carl von Linné, der große Naturforscher des achtzehnten Jahrhunderts, ausgesprochen hat: es seien so viele «Spezies im Tier- und Pflanzenreich vorhanden, als ursprünglich im Prinzip *geschaffen* worden sind». Hatten wir da nicht so viele Schöpfungswunder vor uns als Arten von Pflanzen und Tieren? Was nützte uns unsere Überzeugung, Gott könne nicht durch einen übernatürlichen Eingriff in die Naturordnung, durch ein Wunder, den Lazarus erweckt haben, wenn wir solcher übernatürlicher Taten doch unzählige annehmen mußten. Da kam Darwin und zeigte uns, daß durch unabänderliche Naturgesetze – Anpassung und Kampf ums Dasein – die pflanzlichen und tierischen Arten entstehen wie die leblosen Erscheinungen. Unsere Lücke in der Naturerklärung war ausgefüllt.

Aus der Stimmung heraus, die ihm aus solcher Überzeugung kam, schrieb David Friedrich Strauß diese Worte seines «Alten und neuen Glaubens» hin: «Wir Philosophen und kritischen Theologen haben gut reden gehabt, wenn wir das Wunder in Abgang dekretierten; unser Machtspruch verhallte ohne Wirkung, weil wir es nicht entbehrlich zu machen, keine Naturkraft nachzuweisen wußten, die es an den Stellen, wo es bisher am meisten für unerläßlich galt, ersetzen konnte. Darwin hat diese Naturkraft, dieses Naturverfahren nachgewiesen, er hat die Tür geöffnet, durch welche eine glücklichere Nachwelt das Wunder auf Nimmerwiederkehr hinauswerfen wird. Jeder, der weiß, was am Wunder hängt, wird ihn dafür als einen der größten Wohltäter des menschlichen Geschlechts preisen.»

In diesen Worten liegt Siegerstimmung. Und alle, die wie Strauß empfinden, dürfen den folgenden Ausblick in einen «neuen Glauben» eröffnen: Einmal haben sich leblose Stoffteilchen durch die ihnen innewohnenden Kräfte so zusammengeballt, daß sie *lebendigen* Stoff gaben. Dieser entwickelte sich durch notwendige Gesetze zu den einfachsten, unvollkommensten Lebewesen. Dann veränderten sich diese nach ebenso notwendigen Gesetzen weiter zum Wurm, Fisch, zur Schlange, zum Beuteltier und zuletzt zum Affen. Und da Huxley, der große englische Naturforscher, nachgewiesen hat, daß die Menschen ihrem Baue nach den höchststehenden Affen viel ähnlicher sind als diese den niederen Affen: was steht noch dem Glauben entgegen, daß der Mensch selbst sich nach denselben Naturgesetzen aus höheren Affen entwickelt habe? Ferner, treffen wir nicht das, was wir höhere menschliche Geistestätigkeit, was wir Moral nennen, in einem unvollkommenen Zustande schon bei den Tieren? Dürfen wir daran zweifeln, daß die Tiere, als ihr Bau vollkommener wurde, als er sich zur menschlichen Gestalt entwickelte, bloß auf Grund der physischen Gesetze, auch die Andeutungen von Verstandestätigkeit und Moral, die sich schon bei ihnen finden, zur menschlichen Höhe ausgestalteten?

Alles scheint da aufs beste zu stimmen. Zwar wird jeder zugestehen müssen, daß unsere Naturkenntnis noch lange nicht ausreichen wird, um sich vorzustellen, wie das oben Beschriebene alles im einzelnen vor sich geht; aber man wird immer mehr Tatsachen und Gesetze entdecken; und dann wird auch der «neue Glaube» immer festere Stützen gewinnen.

Nun haben die Forschungen und Überlegungen der letzten Zeit zwar gar keine so festen Stützen für diesen Glauben geliefert, vielmehr alles mögliche zu seiner Erschütterung beigetragen: er lebt aber doch in immer weiteren Kreisen fort und ist ein schweres Hindernis für jede andere Überzeugung.

Es kann kein Zweifel darüber bestehen: haben David Friedrich Strauß und seine Gesinnungsgenossen recht, so ist alles Reden von höheren geistigen Gesetzen des Daseins ein Unding: man müßte den «neuen Glauben» lediglich auf die Grundlagen aufbauen, von denen diese Persönlichkeiten behaupten, daß sie Ergebnisse des Naturerkennens seien.

Nun stellt sich aber eine merkwürdige Tatsache dem vor Augen, der mit unbefangenen Augen die Ausführungen dieser Anhänger des «neuen Glaubens» verfolgt. Und diese Tatsache drängt sich besonders dann unwiderstehlich auf, wenn man auf die Gedanken derer blickt, die sich noch ein wenig Unbefangenheit bewahrt haben gegenüber den mit solcher Sicherheit auftretenden Behauptungen der orthodoxen Aufklärer.

Es gibt nämlich verborgene Ecken in den Bekenntnissen dieser Neu-Gläubigen. Und deckt man das auf, was in diesen Ecken vorhanden ist, dann erstrahlen die *wahren* Ergebnisse der neueren Naturwissenschaft zwar in einem hellen Glanze, aber die *Meinungen* der Neu-Gläubigen über den Menschen beginnen zu erblassen.[3]

Leuchten wir doch in ein paar solcher Ecken einmal hinein. Halten wir uns an *die* Persönlichkeit zunächst, welche die bedeutendste und verehrungswürdigste dieser Neu-Gläubigen ist. Auf Seite 804 der neunten Auflage von *Haeckels* «Natürlicher Schöpfungs-Geschichte» ist zu lesen: «Das Endresultat (einer Vergleichung der Tiere und des Menschen) ist, daß *zwischen den höchstentwickelten Tierseelen und den tiefststehenden Menschenseelen nur ein geringer quantitativer, aber kein qualitativer Unterschied existiert;* dieser Unterschied ist viel geringer als der Unterschied zwischen den niedersten und höchsten Menschenseelen oder als der Unterschied zwischen den höchsten und niedersten Tierseelen.» Nun, wie verhält sich der Neu-Gläubige zu einer solchen Tatsache? Er verkündet: wir müssen den Unterschied zwischen den niederen und den höheren Tierseelen aus notwendigen und unabänderlichen Gesetzen heraus erklären. Und wir studieren diese Gesetze. Wir fragen uns: wie ist es gekommen, daß aus Tieren mit niedriger Seele solche mit höherer sich entwickelt haben? Wir suchen in der Natur nach Bedingungen, durch die das Niedere zum Höheren werden kann. Wir finden da zum Beispiel, daß Tiere, die in die Höhlen von Kentucky aus anderen Orten herkommen, blind werden. Es wird uns klar, daß der Aufenthalt im Finstern die Augen außer Tätigkeit gesetzt hat. In diesen Augen wird dadurch nicht mehr die physikalische und chemische Tätigkeit verrichtet, die während des Sehens vor sich geht. Der Strom der Nahrung, der für diese Tätigkeit früher verwendet worden ist, fließt nunmehr andern Organen zu. Die Tiere verändern ihre Gestalt. Auf solche Weise können neue Tierarten aus alten entstehen, wenn die Verwandlungen nur hinreichend groß und mannigfaltig genug sind, welche die Natur an diesen Arten bewirkt. – Was geschieht da eigentlich? Die Natur nimmt mit gewissen Wesen Veränderungen vor; und diese Veränderungen treten dann auch bei den Nachkommen auf. Man sagt, sie *vererben* sich. So ist die Entstehung neuer Tier- und Pflanzenarten erklärt.[4]

Und nun geht bei den Neu-Gläubigen die Erklärung munter weiter. Der Unterschied zwischen den tiefstehenden Menschenseelen und den hochstehenden Tierseelen ist nicht gar so groß. Also haben gewisse Lebensverhältnisse, in welche hochstehende Tierseelen versetzt worden sind, Veränderungen in ihnen bewirkt, wodurch sie zu niederen Menschenseelen wurden. Das Wunder der Menschenseelen-Entwickelung ist – um mit Strauß zu reden – auf Nimmerwiederkehr aus dem Tempel des neuen Glaubens hinausgeworfen und der Mensch nach «ewigen, notwendigen» Gesetzen der Tierwelt eingereiht. Der Neu-Gläubige zieht sich damit befriedigt zum friedlichen Schlummer zurück; von jetzt an *will* er nicht mehr weiter.

Ehrliches Denken muß ihn stören in diesem Schlummer. Denn dieses ehrliche Denken muß an seinem Schlummerlager Geister am Leben erhalten, die er selbst gerufen hat. Sehen wir uns einmal obigen Haeckelschen Satz näher an, «*der Unterschied (zwischen höheren Tieren und Menschen) ist viel geringer als der Unterschied zwischen den niedersten und höchsten Menschenseelen*». Wenn der Neu-Gläubige das zugibt: darf er sich dann in friedlichen Schlummer einlullen, sobald er – nach seiner Ansicht – die Entwickelung der niederen Menschen aus den höchsten Tieren erklärt hat?

Nein, er darf es nicht; und tut er es doch, dann verleugnet er die ganze Grundlage, auf die er seine Überzeugung aufgebaut hat. Was würde ein Neu-Gläubiger dem andern entgegnen, wenn dieser käme und sagte: ich habe gezeigt, wie die Fischtiere aus niedrigeren Lebewesen entstanden sind. Damit bin ich fertig. Ich habe gezeigt, daß sich alles entwickelt – also werden sich schon die über den Fischen stehenden Arten so entwickelt haben wie die Fische. Ohne Zweifel würde unser Neu-Gläubiger sagen: mit deinen *allgemeinen* Entwickelungsgedanken ist es nichts: du mußt auch begreiflich machen, wie die Säugetiere entstehen; denn zwischen den Säugetieren und den Fischen ist ein größerer Unterschied als zwischen den Fischen und den unmittelbar unter ihnen stehenden Tieren. – Und was müßte daraus folgen, wenn der Neu-Gläubige sich wirklich in seinem Bekenntnisse treu bliebe? Er müßte sagen: der Unterschied zwischen den höheren und niederen Menschenseelen ist größer als der zwischen diesen niederen Seelen und den unmittelbar unter ihnen stehenden Tierseelen: also muß ich zugeben, daß es im Weltall Ursachen gibt, welche an der niederen Menschenseele Verwandlungen bewirken, die sie ebenso umgestalten, wie die von mir aufgezeigten Ursachen die niedere Tierform in die höhere überführen. Tue ich das nicht, so bleiben die Arten der Menschenseelen für mich ihrer Entstehung nach ebenso *Wunder,* wie es die verschiedenen Tierarten für den bleiben, der nicht an die Veränderung der Lebewesen durch Naturgesetze glaubt.

Und dies ist unbedingt richtig: die Neu-Gläubigen, die sich so aufgeklärt dünken, weil sie das Wunder auf dem Gebiete des Lebendigen «hinausgeworfen» zu haben glauben, *sie sind Wundergläubige, ja Anbeter des Wunders auf dem Gebiete des seelischen Lebens.* Und nur dadurch unterscheiden sie sich von den von ihnen so sehr verachteten Wundergläubigen, daß diese ihren Glauben ehrlich eingestehen; sie selbst aber gar keine Ahnung davon haben, daß sie von dem finstersten Aberglauben befallen sind.

Und nun soll unser Licht in eine andere Ecke des «neuen Glaubens» getragen werden. Schön hat *Dr. Paul Topinard* in seiner «Anthropologie» die Ergebnisse der modernen Menschenursprungslehre zusammengestellt. Am Schluß des Buches wiederholt er kurz, wie die höheren Tierformen nach Haeckel in den verschiedenen Zeiten der Erde sich entwickelt haben: «Im Beginne der Erdperiode, die von den Geologen laurentische genannt wird, bildeten sich durch zufälliges Zusammentreffen unter Bedingungen, die sich wahrscheinlich nur in dieser Epoche darboten, aus einigen Elementen: Kohlenstoff, Sauerstoff, Wasserstoff und Stickstoff die ersten Eiweißklümpchen. Aus ihnen gingen durch Urzeugung Moneren – kleinste, unvollkommene Lebewesen – hervor. Darauf teilten und vervielfältigten sich diese, ordneten sich zu Organen an und gaben schließlich, nach einer Reihe von Umbildungen, die Haeckel auf neun festsetzt, einigen Wirbeltieren nach Art des Amphioxus lanceolatus (Lanzettfischchen) das Leben.» Wir können übergehen, wie die weiteren Arten der Tiere in derselben Richtung verfolgt werden, und fügen sogleich den Schluß der Topinardschen Sätze hinzu: «Im zwanzigsten Grade (der Umbildungen) ist der Anthropoide (menschenähnliche Affe) da, ungefähr während der ganzen Miozänperiode; im einundzwanzigsten der Affenmensch, der die Sprache und ein dementsprechendes Gehirn noch nicht besitzt. Im zweiundzwanzigsten erscheint endlich der Mensch, so wie wir ihn kennen, *wenigstens in seinen minder vollkommenen Formen.*» Und nun, nachdem Topinard aufgeführt hat, was die «naturwissenschaftliche Grundlage des neuen Glaubens» sein soll, macht er in wenigen Worten ein *wichtiges Geständnis*. Er sagt: *«Hier schneidet die Aufzählung ab. Haeckel vergißt den dreiundzwanzigsten Grad, in dem ein Lamarck und Newton glänzen.»*

Eine Ecke im Bekenntnis des Neu-Gläubigen ist damit aufgezeigt, in der er so deutlich wie nur irgend möglich auf Tatsachen weist, denen gegenüber er dieses sein Bekenntnis verleugnet. Er *will* mit den Begriffen, mit denen er in der übrigen Natur sich zurechtzufinden sucht, nicht heraufsteigen in menschlich-seelisches Gebiet. – Täte er dies, beträte er mit seiner an der äußeren Natur gewonnenen Gesinnung das Feld, das Topinard den dreiundzwanzigsten Grad nennt, dann müßte er sich sagen: wie ich die höhere Tierart aus der niederen durch Entwickelung herleite, so leite ich die höhere Seelenart durch Entwickelung aus der niederen her. Ich kann Newtons Seele nicht verstehen, wenn ich sie nicht hervorgehend denke aus einem vorausgehenden seelischen Wesen. Und dieses seelische Wesen kann nie und nimmer in den physischen Vorfahren gesucht werden. Denn wollte man es da suchen, so würde man allen *Geist* der Naturforschung auf den Kopf stellen. Wo könnte es einem Naturforscher je beifallen, eine tierische Art aus einer anderen sich entwickeln zu lassen, wenn die letztere der ersteren in physischer Beziehung so unähnlich wäre wie in *seelischer Beziehung* Newton seinen Vorfahren? Man stellt sich doch vor, daß eine Tierart aus einer ähnlichen hervorgeht, die nur um einen Grad tiefer steht als sie. Also muß Newtons Seele aus einer solchen hervorgegangen sein, die ihr ähnlich, nur in seelischer Beziehung einen Grad tiefer ist als sie. Das Seelische in Newton umfaßt mir seine Biographie (vergleiche Seite 75). Ich erkenne Newton aus dieser seiner Biographie, wie ich einen Löwen aus der Beschreibung seiner Art erkenne. Und ich verstehe die Löwenart, wenn ich mir vorstelle, daß sie aus einer im Verhältnis zu ihr niedrigeren hervorgegangen ist. Also verstehe ich das, was ich in Newtons Biographie umfasse, wenn ich es mir entwickelt denke aus dem Biographischen einer Seele, die ihr ähnlich, *als Seele* mit ihr verwandt ist. Demnach war Newtons Seele in anderer Form bereits da, wie die Löwenart in anderer Form vorher da war.

Für ein klares Denken gibt es kein Entrinnen aus dieser Anschauung. Nur weil die Neu-Gläubigen nicht den Mut haben, ihre Gedanken wirklich zu Ende zu führen, kommen sie nicht zu dieser Schlußfolgerung. Durch sie ist aber das Wiedererscheinen der Wesenheit, die man in der Biographie umfaßt, gesichert. – Man lasse entweder die ganze naturwissenschaftliche Entwickelungslehre fallen, oder man gebe zu, daß sie auf die seelische Entwickelung ausgedehnt werden müsse. Es gibt nur zweierlei: *entweder* es ist jede Seele durch ein *Wunder geschaffen,* wie die tierischen Arten durch Wunder geschaffen sein müßten, wenn sie sich nicht auseinander entwickelt haben; *oder* die Seele hat sich entwickelt und ist in anderer Form früher dagewesen, wie die tierische Art in anderer Form da war.

Einige der gegenwärtigen Denker, die sich noch ein wenig Klarheit und Mut zu folgerichtigem Vorstellen bewahrt haben, sind ein lebendiger Beweis für diese Tatsache. Sie können sich zwar ebensowenig in den unserer Zeit so ungewohnten Gedanken von der Seelenentwickelung hineinfinden wie die charakterisierten Neu-Gläubigen. Aber sie haben wenigstens den Mut, sich zu der dann einzig möglichen anderen Ansicht zu bekennen: zu dem Wunder der *Seelenschöpfung.* So kann man in dem Werk über Psychologie des Greifswalder Professors Johannes Rehmke, eines der besten Denker unserer Zeit, lesen: «Der Schöpfungsgedanke ... erscheint uns ... allein geeignet, dem Geheimnis der Seelenentstehung doch etwas Begreifliches abzugewinnen.» Rehmke kommt dazu, ein bewußtes Allwesen anzuerkennen, von dem er sagt, es «würde dasselbe, ... als alleinige Bedingung der Seelenentstehung, der *Schöpfer der Seele* heißen müssen». So spricht ein Denker, der nicht sanft sich in geistigen Schlummer einlullen will, nachdem er die physischen Lebensvorgänge begriffen hat, und dem doch die Fähigkeit fehlt, sich zu der Vorstellung zu bekennen, daß eine Seele sich aus ihrer früheren Daseinsform entwickelt habe. Rehmke hat eben den Mut zum Wunder, da er den anderen nicht haben kann zur anthroposophischen Ansicht von dem Wiedererscheinen der Seele oder der Reinkarnation. Denker, in denen das naturwissenschaftliche Streben anfängt, sich folgerichtig auszubilden, kommen *notwendig* zu dieser Ansicht. So lesen wir in der Schrift des Göttinger Philosophieprofessors Julius Baumann über «Neuchristentum und reale Religion» unter den neununddreißig Sätzen eines «Entwurfes eines kurzen Inbegriffs realwissenschaftlicher Religion» auch den folgenden (zweiundzwanzigsten): «... Wie ... in der unorganischen Natur die physikalisch-chemischen Elemente und Kräfte nicht vergehen, sondern nur ihre Kombinationen ändern, so ist dies nach realwissenschaftlicher Methode auch anzunehmen von den organischen und den organisch-geistigen Kräften. *Die Menschenseele als formale Einheit, als verknüpfendes Ich kehrt wieder in neuen Menschenleibern und kann so alle Stufen menschheitlicher Entwickelung durchleben.*»

Solche Anschauung muß haben, wer den vollen Mut zum naturwissenschaftlichen Glaubensbekenntnis der Gegenwart besitzt. Das soll nicht dahin mißverstanden werden, als ob hier behauptet werde, die Hervorragenderen unter den Neu-Gläubigen seien, im gewöhnlichen Sinne des Wortes, mutlose Persönlichkeiten. Mut, unbeschreiblich großer Mut gehörte dazu, die naturwissenschaftliche Ansicht gegen die widerstrebenden Mächte des neunzehnten Jahrhunderts durchzukämpfen.[5] – Aber dieser Mut ist etwas anderes als der höhere dem folgerichtigen Denken gegenüber. Solches folgerichtiges Denken lassen aber gerade Naturforscher der Gegenwart vermissen, die aus den Erkenntnissen ihres Gebietes eine Weltansicht aufbauen wollen. Ist es denn nicht trostlos, daß in einem Vortrage, der auf der letzten Naturforscherversammlung von dem Breslauer Chemiker Albert Ladenburg gehalten worden ist, der Satz vorkommt: «Kennen wir denn ein Substrat der Seele? Ich kenne keins.» Und daß dann, nach diesem «Eingeständnis», von demselben Manne gesagt werden konnte: «Wie wollen Sie es mit der Unsterblichkeit halten? Ich glaube, daß bei dieser Frage mehr als bei jeder anderen der Wunsch der Vater des Gedankens ist, denn ich kenne keine einzige wissenschaftlich erhärtete Tatsache, auf die wir uns bei dem Unsterblichkeitsglauben berufen können.» Was würde der gelehrte Herr wohl sagen, wenn er einem Redner gegenüberstände, der sagte: «Ich kenne nichts von den chemischen Tatsachen. Deshalb leugne ich die chemischen Gesetze, denn ich kenne keine einzige wissenschaftlich erhärtete Tatsache, auf die wir uns bei diesen Gesetzen berufen können.» Da würde doch der Professor sagen: «Was geht uns deine Unwissenheit in der chemischen Wissenschaft an; befasse dich doch erst mit Chemie, dann rede.» Der Professor Ladenburg kennt kein Substrat der Seele; also soll er die Welt nicht mit den Ergebnissen seiner Unkenntnis behelligen.

Wie der Naturforscher zu den Tierformen geht, aus denen sich andere entwickelt haben, um diese anderen zu verstehen, so sollte der Seelenforscher, der sich auf den Boden dieser Naturforschung stellt, zu der Seelenform gehen, aus der sich eine andere entwickelt hat, um die letztere zu verstehen. Die Schädelform der höheren Tiere erklären doch die Naturforscher aus der Umbildung des niederen Tierschädels. Also sollen sie alles, was in das Biographische einer Seele gehört, aus dem Biographischen der Seele erklären, aus welcher diejenige hervorgegangen ist, die man im Auge hat. Die späteren Zustände sind die *Wirkungen* früherer. Und zwar die späteren physischen die Wirkungen früherer physischer; aber auch die späteren seelischen die Wirkungen früherer seelischer. Dies ist der Inhalt des *Karma-Gesetzes,* das besagt: alles, was ich in meinem gegenwärtigen Leben kann und tue, steht nicht abgesondert für sich da als Wunder, sondern hängt als Wirkung mit den früheren Daseinsformen meiner Seele zusammen und als Ursache mit den späteren.

Diejenigen, welche mit offenem Geistesauge das menschliche Leben betrachten und dieses umfassende Gesetz nicht kennen oder nicht anerkennen wollen, stehen fortwährend vor Lebensrätseln. – Es sei ein Beispiel für vieles angeführt. In Maurice Maeterlincks «Begrabenem Tempel» kann man es finden, einem Buche, das von solchen Rätseln spricht, wie sie den gegenwärtigen Denkern in verzerrter Gestalt erscheinen, weil diese mit den großen Gesetzen von Ursache und Wirkung im geistigen Leben, mit Karma, nicht vertraut sind. Diejenigen, welche den engumgrenzten Dogmen der Neu-Gläubigen verfallen sind, haben für solche Rätselfragen heute überhaupt keinen Sinn. Maeterlinck wirft eine derselben auf: «Wenn ich mich bei strenger Kälte ins Wasser werfe, um meinen Nächsten zu retten, oder wenn ich hineinfalle, während ich ihn hineinzuwerfen suche, so werden die Folgen der Erkältung in beiden Fällen die gleichen sein, und keine Macht im Himmel und auf Erden, außer mir selbst und dem Menschen (wenn er es vermag), wird meine Leiden mehren, weil ich ein Verbrechen begangen, oder mir einen Schmerz abnehmen, weil ich eine tugendhafte Tat vollbracht habe.» Gewiß: es erscheinen die hier in Rede stehenden Folgen für eine Beobachtung, die sich auf die bloß physischen Tatsachen beschränkt, als die gleichen in beiden Fällen. Aber darf diese Beobachtung, ohne weiteres, als eine *vollständige* angesehen werden? Wer das behauptet, der steht als Denker ungefähr auf dem gleichen Gesichtspunkte mit jenem, der beobachtet, daß zwei Knaben von zwei verschiedenen Lehrern unterrichtet werden, und der dabei nichts sieht, als daß in beiden Fällen die Lehrer sich täglich die gleiche Anzahl Stunden mit den beiden Knaben beschäftigen und dabei ungefähr das gleiche vollziehen. Ginge der Beobachter tiefer auf die Tatsachen ein, so würde er vielleicht in beiden Fällen eine große Verschiedenheit wahrnehmen und es dann erklärlich finden, daß der eine Knabe ein untüchtiger, der andere ein vorzüglicher Mensch wird. – Und betrachtete der, welcher auf seelisch-geistige Zusammenhänge eingehen will, die obigen Folgen für die Seelen der in Betracht kommenden Menschen, so müßte er sich sagen: was da geschieht, kann nicht für sich allein angesehen werden. Die Folgen der Erkältung sind Seelenerlebnisse, und ich muß sie, wenn sie nicht als Wunder gelten sollen, als Ursachen und Wirkungen im Seelenleben ansehen. Die Folgen beim Lebensretter werden aus anderen Ursachen fließen als beim Verbrecher; oder sie werden in dem einen oder anderen Falle andere Wirkungen haben. Und wenn ich in dem gegenwärtigen Leben der Menschen diese Ursachen und Wirkungen nicht finden kann, wenn für dieses gegenwärtige Leben alles gleich ist, so muß ich den Ausgleich im vergangenen und zukünftigen suchen. Ich verfahre dann *genau wie der Naturforscher* auf dem Felde der äußeren Tatsachen verfährt: auch dieser erklärt die Augenlosigkeit der Tiere in finsteren Höhlen aus *früheren* Erlebnissen; und er setzt voraus, daß die gegenwärtigen Erlebnisse ihre Wirkungen in künftigen Rassen- und Artbildungen haben werden.

Nur der hat ein inneres Recht, im Gebiete der äußeren Natur von Entwickelung zu reden, der diese Entwickelung auch im Geistig-Seelischen anerkennt. Es ist nun klar, daß diese Anerkennung, diese Erweiterung des Naturerkennens über die Natur hinaus, mehr ist als bloßes Erkennen. Denn *sie* wandelt die Erkenntnis in *Leben; sie bereichert nicht nur des Menschen Wissen, sondern sie gibt ihm die Kraft, seine Lebenswege zu wandeln. Sie zeigt ihm, woher er kommt und wohin er geht.* Und sie wird ihm dieses Woher und Wohin über Geburt und Tod hinaus zeigen, wenn er standhaft die Richtung verfolgt, die ihm die Erkenntnis weist. Von allem, was er tut, weiß er, daß es sich eingliedert in einen Strom, der von Ewigkeit zu Ewigkeit fließt. Immer höher und höher wird der Gesichtspunkt, von dem aus er sein Leben regelt. Wie in einen dumpfen Nebel gehüllt ist der Mensch, bevor er zu dieser Gesinnung kommt, denn er ahnt nichts von seinem wahren Wesen, nichts von dessen Ursprung und seinen Zielen. Er folgt den Antrieben seiner Natur, ohne Einsicht in diese Antriebe zu haben. Er muß sich sagen, daß er vielleicht ganz anderen folgen würde, wenn er seine Wege mit dem Lichte der Erkenntnis beleuchtete. Das Verantwortlichkeitsgefühl gegenüber dem Leben wächst immer mehr unter dem Einfluß solcher Gesinnung. Allein, bildet der Mensch dieses Verantwortlichkeitsgefühl nicht in sich aus, so verleugnet er im höheren Sinne sein Menschentum. Erkenntnis ohne das Ziel der Menschenveredelung ist nur Befriedigung höherer Neugierde. Die Erkenntnis hinauf zu heben zum Erfassen des Geistigen, damit sie die Kraft des ganzen Lebens werde, das ist – im höheren Sinne gefaßt – *Pflicht*. Und Pflicht ist es daher für jeden Menschen, Verständnis zu suchen für das Woher und Wohin der Seele.

Wie diese Gesetze des Geisteslebens – Reinkarnation und Karma – wirken, das soll Gegenstand eines nächsten Aufsatzes werden.

Anmerkungen von Rudolf Steiner

¹ Das Obige muß ausdrücklich gesagt werden, denn die flüchtigen Leser sind heute zahlreich, und sie sind jederzeit gern bereit, jeden möglichen Unsinn in die Ausführungen eines Denkers *hineinzulesen,* auch wenn dieser bemüht ist, ganz *genau* sich auszusprechen. Deshalb sei hier noch besonders hinzugefügt, daß es mir gar nicht beifallen kann, diejenigen zu bekämpfen, die, auf naturwissenschaftlichen Voraussetzungen fußend, dem Problem der «Urzeugung» nachgehen. Aber wenn es auch Tatsache sein kann, daß irgendwie bloß «leblose» Substanzen sich zu lebendigem Eiweiß vereinigen, so folgt daraus nicht, daß, richtig verstanden, Redis Anschauung falsch sei.

² Die Getreuen der Wundtschen Schule mögen sich entsetzlich berührt fühlen, daß ich in so altväterischer Weise von «Seele» spreche, während sie doch auf die Worte ihres Meisters schwören, der es eben wieder verkündet hat, daß man nicht von «Seele» sprechen soll, weil von dieser «überwirklichen» Seelensubstanz, nachdem «sich die Mythologisierung der Erscheinungen ins Transzendente verflüchtigt» hat, nichts übriggeblieben ist als ein «zusammenhängendes Geschehen». Nun ja: Wundtsche Weisheit kommt der Behauptung gleich, daß man nicht von «Lilie» reden dürfe, weil man es ja nur mit Farbe, Form, Wachstumsprozessen usw. zu tun habe. (*Wundt:* Naturwissenschaft und Psychologie, Leipzig 1903.)

³ Es mag heute viele geben, die sich gerne recht schnell über die Lehren der Geisteswissenschaft unterrichten möchten. Solche werden es recht unbequem finden, wenn man ihnen in umständlicher Weise die naturwissenschaftlichen Tatsachen erst einmal in einem solchen Lichte vorführt, daß sie als Grundlage eines anthroposophischen Aufbaues dienen müssen. Sie sagen: wir wollen etwas von Geisteswissenschaft hören, und ihr erzählt uns naturwissenschaftliche Dinge, die jeder Gebildete kennt. Das ist ein Einwand, der so recht klar zeigt, wie unsere Zeitgenossen gar nicht ernstlich denken *wollen.* In Wahrheit wissen die, welche in der angedeuteten Weise reden, *gar nichts* von der Tragweite ihrer Kenntnisse; der Astronom nichts von den Konsequenzen der Astronomie, der Chemiker nichts von denen der Chemie usw. *Und es gibt für sie kein Heil, als bescheiden zu sein und still zuzuhören, wenn ihnen klargemacht wird, wie sie – wegen der Flüchtigkeit ihres Denkens gar nichts wissen von dem, was sie in ihrem Dünkel ganz ausgeschöpft zu haben glauben.* – Und auch Anthroposophen meinen oft, es sei unnötig, die Überzeugungen von Karma und Reinkarnation mit Ergebnissen der Naturwissenschaft zu belegen. Sie wissen nicht, daß *dies die Aufgabe* der Unterrassen ist, denen die Bewohner Europas und Amerikas angehören; und daß *ohne diese Grundlage* die Mitglieder dieser Rassen *nicht* wahrhaft zur geisteswissenschaftlichen Einsicht kommen können. *Wer nur nachreden* will, was er von den großen

Lehrern des Ostens hört, der kann innerhalb der europäisch-amerikanischen Gesittung nicht Anthroposoph werden.

[4] Von manchem mag gegen diese Ausführungen eingewendet werden, daß ja die Naturwissenschaft in der gegenwärtigen Gestalt der anthroposophischen Lehre widerspräche, und daß zum Beispiel in H. P. Blavatskys «Geheimlehre» eine andere Abstammungslehre sich finde, als die von Haeckel vertretene ist. Wie es sich damit verhält, wird später einmal auseinandergesetzt werden. Hier soll ja gar nicht gezeigt werden, wie sich der «Neue Glaube» zur «Geheimlehre» verhält, sondern lediglich, wie er sich *zu sich selbst verhalten müßte,* wenn er *seine eigenen* Voraussetzungen verstände.

[5] Dem Schreiber dieses Aufsatzes kann schon aus dem Grunde kein Verkennen der großen Verdienste unserer Neu-Gläubigen vorgeworfen werden, weil er doch selbst in seinem Buche «Welt- und Lebensanschauungen im neunzehnten Jahrhundert» diese Verdienste im Zusammenhange der Geistesentwickelung ihrer Zeit in vollem Maße gewürdigt und mit Anerkennung ihres Wertes dargestellt hat. [Das Werk erschien – erweitert – 1914 unter dem Titel: «Die Rätsel der Philosophie in ihrer Geschichte als Umriß dargestellt.»]

Der Schlaf ist oft der jüngere Bruder des Todes genannt worden. Mehr, als man bei oberflächlicher Betrachtung vielleicht anzunehmen geneigt ist, versinnlicht dieses Gleichnis die Wege des Menschengeistes. Denn es gibt eine Idee davon, in welchem Sinne die mannigfaltigen Verkörperungen, welche dieser Menschengeist durchmacht, zusammenhängen. In dem Aufsatz «Reinkarnation und Karma, vom Standpunkte der modernen Naturwissenschaft notwendige Vorstellungen» ist dargelegt worden, daß die gegenwärtige naturwissenschaftliche Vorstellungsart, wenn sie sich nur wirklich selbst versteht, zu der uralten Lehre von der Entwickelung des ewigen Menschengeistes durch viele Leben hindurch führt. Notwendig schließt sich an diese Erkenntnis die Frage: wie hängen diese mannigfaltigen Leben miteinander zusammen? In welchem Sinne ist das Leben eines Menschen die Wirkung seiner früheren Verkörperungen, und wie wird es zur Ursache der späteren? Ein *Bild* des Zusammenhanges von Ursache und Wirkung auf diesem Felde gibt das Gleichnis vom Schlafe.[1] Ich stehe des Morgens auf. Meine fortlaufende Tätigkeit war des Nachts unterbrochen. Ich kann diese Tätigkeit des Morgens nicht in beliebiger Weise wieder aufnehmen, wenn Regel und Zusammenhang in meinem Leben sein soll. Mit dem, was ich gestern getan habe, sind die Vorbedingungen geschaffen für das, was ich heute zu tun habe. Ich muß an das Ergebnis meines Wirkens von gestern anknüpfen. In vollem Sinne des Wortes gilt es: meine Taten von gestern sind mein Schicksal von heute. Ich habe mir selbst die Ursachen geformt, zu denen ich die Wirkungen hinzufügen muß. Und ich finde diese Ursachen vor, nachdem ich mich eine Weile von ihnen zurückgezogen habe. Sie gehören zu mir, auch wenn ich einige Zeit von ihnen getrennt war.

Noch in einem anderen Sinne gehören die Wirkungen meiner Erlebnisse von gestern zu mir. Ich bin selbst wohl durch sie verändert worden.

---

1 Siehe Anmerkung am Schluß des Aufsatzes, S. 47.

Man nehme an, ich habe etwas unternommen, das mir nur halb gelungen ist. Ich habe nachgedacht, warum dies teilweise Mißlingen mich getroffen hat. Wenn ich etwas Ähnliches wieder zu verrichten habe, so vermeide ich die erkannten Fehler. Also ich habe mir eine neue Fähigkeit angeeignet. Dadurch sind meine Erlebnisse von gestern die Ursachen meiner Fähigkeiten von heute. Meine Vergangenheit bleibt mit mir verbunden; sie lebt in meiner Gegenwart weiter; und sie wird mir in meine Zukunft hinein weiter folgen. Ich habe mir durch meine Vergangenheit die Lage geschaffen, in der ich gegenwärtig mich befinde. Und der *Sinn des Lebens* verlangt, daß ich mit dieser Lage verknüpft bleibe. Sinnlos wäre es doch, wenn ich unter regelmäßigen Verhältnissen ein Haus, das ich mir habe bauen lassen, nicht beziehen würde.

Nicht *erwachen* müßte ich heute morgen, sondern neu, aus dem Nichts heraus, geschaffen werden, wenn die Wirkungen meiner Taten von gestern nicht mein Schicksal von heute sein sollen. Und neu *geschaffen*, aus dem Nichts heraus entstanden, müßte der Menschengeist sein, wenn nicht die Ergebnisse seiner früheren Leben verknüpft blieben mit seinen späteren. Ja, der Mensch kann in gar keiner anderen Lage leben als in derjenigen, die durch sein Vorleben geschaffen worden ist. Er kann es ebensowenig wie die Tiere, die nach ihrer Einwanderung in die Höhlen von Kentucky das Sehvermögen verloren haben, anderswo als in diesen Höhlen leben können. Sie haben sich durch ihre Tat, durch die Einwanderung, die Bedingungen ihres späteren Lebens geschaffen. Eine Wesenheit, die einmal tätig war, steht in der Folge eben nicht mehr isoliert da; sie hat ihr Selbst in ihre Taten gelegt. Und alles, was sie wird, ist fortan verknüpft mit dem, was aus den Taten wird. Diese Verknüpfung einer Wesenheit mit den Ergebnissen ihrer Taten ist das die ganze Welt beherrschende Gesetz vom *Karma*. Die Schicksal gewordene Tätigkeit ist Karma.

Und deswegen ist der Schlaf ein gutes Bild für den Tod, weil der Mensch während des Schlafes in der Tat dem Schauplatz entzogen ist, auf dem sein Schicksal ihn erwartet. Während wir schlafen, laufen die Ereignisse auf diesem Schauplatz weiter. Wir haben eine Zeitlang auf diesen Lauf keinen Einfluß. Dennoch finden wir die Wirkungen unserer Taten wieder und müssen an sie anknüpfen. Wirklich verkörpert sich unsere

Persönlichkeit jeden Morgen aufs neue in unserer Tatenwelt. Was über die Nacht von uns getrennt war, ist tagsüber gleichsam um uns gelegt.

So ist es mit den Taten unserer früheren Verkörperungen. Ihre Ergebnisse sind der Welt, in der wir verkörpert waren, einverleibt. Sie gehören aber zu uns, wie das Leben in den Höhlen zu den Tieren gehört, die durch dieses Leben das Sehvermögen verloren haben. Wie diese Tiere nur leben können, wenn sie die Umgebung wiederfinden, an die sie sich angepaßt haben, so *kann* der Menschengeist nur leben in der Umgebung, die er durch seine Taten, als die ihm entsprechende, sich geschaffen hat.

An jedem neuen Morgen wird der menschliche Körper gleichsam von neuem durchseelt. Die Naturforschung gibt zu, daß damit etwas vorgeht, was *sie* nicht begreifen kann, wenn sie sich bloß der Gesetze bedient, die sie in der *physischen* Welt gewonnen hat. Man halte sich vor, was der Naturforscher Du Bois-Reymond darüber in seiner Rede «Die Grenzen des Naturerkennens» gesagt hat: «Ein aus irgendeinem Grunde bewußtloses, zum Beispiel ohne Traum schlafendes Gehirn enthielte, naturwissenschaftlich (Du Bois-Reymond sagt «astronomisch») durchschaut, kein Geheimnis mehr, und bei naturwissenschaftlicher Kenntnis auch des übrigen Körpers wäre so die ganze menschliche Maschine, mit ihrem Atmen, ihrem Herzschlag, ihrem Stoffwechsel, ihrer Wärme und so fort, bis auf das Wesen von Materie und Kraft, völlig entziffert. Der traumlos Schlafende ist begreiflich, wie die Welt, ehe es Bewußtsein gab. Wie aber mit der ersten Regung von Bewußtsein die Welt doppelt unbegreiflich ward, so wird es auch der Schläfer wieder mit dem ersten ihm dämmernden Traumbild.» Das kann nicht anders sein. Denn, was der Naturforscher hier als den traumlos Schlafenden beschreibt, das ist dasjenige vom Menschen, was allein den physischen Gesetzen unterworfen ist. Es folgt aber in dem Augenblicke, in dem es wieder *durchseelt* erscheint, den Gesetzen des seelischen Lebens. Schlafend folgt der menschliche Körper den physischen Gesetzen: der Mensch erwacht, und das Licht des vernünftigen Handelns schlägt wie ein Funke in das rein physische Dasein ein. Man drückt sich ganz im Sinne des Naturforschers Du Bois-Reymond aus, wenn man sagt: man kann den schlafenden *Körper* nach allen Seiten durchsuchen; das Seelische wird man nicht in ihm finden können. Aber dieses Seelische setzt den Lauf seiner vernünftigen Taten da fort, wo es ihn vor dem Einschlafen unterbrochen hat. – So gehört der Mensch – auch für diese Betrachtung – zwei Welten an. In der einen lebt er körperlich, und dieses körperliche Leben kann man am Faden physischer Gesetze verfolgen; in der anderen lebt er geistig-vernünftig, und über dieses Leben können wir durch physische Gesetze nichts erfahren. Wollen wir das eine Leben studieren, so müssen wir uns an die physischen Gesetze der Naturwissenschaft halten; wollen wir aber das andere Leben begreifen, so müssen wir die Gesetze des vernünftigen Handelns kennenlernen, zum Beispiel Logik, Rechtslehre, Wirtschaftslehre, Ästhetik usw.

Der schlafende Menschenkörper, der nur den physischen Gesetzen unterliegt, kann niemals etwas vollbringen, was im Sinne der Vernunftgesetze liegt. Aber der Menschengeist trägt diese Vernunftgesetze in die physische Welt. Und soviel er in sie hineingetragen hat, soviel wird er von ihnen wiederfinden, wenn er, nach einer Unterbrechung, den Faden seiner Tätigkeit wieder aufnimmt.

Bleiben wir noch eine Weile bei dem Bilde vom Schlaf. Die Persönlichkeit muß heute an ihre Taten von gestern anknüpfen, wenn das Leben nicht sinnlos sein soll. Sie könnte es nicht, wenn sie sich nicht mit diesen Taten verknüpft fühlte. Das Ergebnis meiner Wirksamkeit von gestern könnte ich heute nicht aufnehmen, wenn nicht in mir selbst etwas von dieser Wirksamkeit geblieben wäre. Hätte ich heute alles vergessen, was ich gestern erfahren habe, so wäre ich ein neuer Mensch und könnte an nichts anknüpfen. Es ist mein *Gedächtnis*, das mir die Anknüpfung an meine gestrigen Taten ermöglicht. – Dieses Gedächtnis bindet mich an die Wirkungen meines Tuns. Dasjenige, was im eigentlichen Sinne meinem vernünftigen Leben angehört, zum Beispiel die Logik, ist heute dasselbe wie gestern. Dies ist anwendbar auch auf dasjenige, was gestern durchaus nicht, was überhaupt *niemals* noch in meinen Gesichtskreis getreten ist. Mein Gedächtnis verbindet mein logisches Handeln von heute mit meinem logischen Handeln von gestern. Wenn es bloß auf die Logik ankäme, dann könnten wir in der Tat jeden Morgen ein neues Leben beginnen.

Aber im Gedächtnisse bleibt aufbewahrt, was uns an unser Schicksal bindet.

So finde ich mich wirklich am Morgen als eine dreifache Wesenheit. Ich finde meinen Körper wieder, der während meines Schlafes seinen bloß physischen Gesetzen gehorcht hat. Ich finde mich selbst, meinen Menschengeist, wieder, der heute derselbe ist wie gestern und der heute die Gabe vernünftigen Handelns hat wie gestern. Und ich finde alles dasjenige bewahrt im Gedächtnisse, was der gestrige Tag – was meine ganze Vergangenheit – aus mir gemacht hat.

Und damit haben wir zugleich ein *Bild* der dreifachen Wesenheit des Menschen. In jeder neuen Verkörperung findet sich der Mensch in einem physischen Organismus, der den Gesetzen der äußeren Natur unterworfen ist. Und in jeder Verkörperung ist er derselbe Menschengeist. Als solcher ist er das *Ewige* in den mannigfaltigen Verkörperungen. *Körper* und *Geist* stehen einander gegenüber. Zwischen beiden muß etwas sein, wie das Gedächtnis zwischen meinen Taten von gestern und denen von heute ist. Und dies ist die *Seele*². Sie bewahrt die Wirkungen meiner Taten aus den früheren Leben. Sie bewirkt, daß der Geist in einer neuen Verkörperung als dasjenige erscheint, was vorhergehende Leben aus ihm gemacht haben. *So hängen Leib, Seele und Geist zusammen*. *Ewig* ist der Geist; *Geburt* und *Tod* walten nach den Gesetzen der physischen Welt in der Körperlichkeit; beide führt die Seele immer wieder zusammen, indem sie aus den Taten das *Schicksal* webt.

Auch für den Vergleich der Seele mit dem Gedächtnis ist eine Berufung auf die gegenwärtige Naturwissenschaft möglich. Im Jahre 1870 hat der Naturforscher *Ewald Hering* eine Abhandlung veröffentlicht, die den Titel trägt: «Über das Gedächtnis als eine allgemeine Funktion der organisierten Materie». Und *Ernst Haeckel* stimmt mit den Ansichten Herings überein. Er sagt in seiner Arbeit «Über die Wellenzeugung der Lebensteilchen» das Folgende: «In der Tat überzeugt uns jedes tiefere Nachdenken, daß ohne die Annahme eines *unbewußten Gedächtnisses* der lebenden Materie die wichtigsten Lebensfunktionen überhaupt unerklärbar sind. Das Vermögen der Vorstellung und Begriffsbildung, des

Denkens und Bewußtseins, der Übung und Gewöhnung, der Ernährung und Fortpflanzung beruht auf der Funktion des *unbewußten Gedächtnisses*, dessen Tätigkeit unendlich viel bedeutungsvoller ist als diejenige des bewußten Gedächtnisses. Mit Recht sagt Hering, ‹daß es das Gedächtnis ist, dem wir fast alles verdanken, was wir sind und haben›.» Und nun versucht Haeckel die Vorgänge der *Vererbung* innerhalb der Lebewesen auf dieses unbewußte Gedächtnis zurückzuführen. Daß das Tochterwesen dem Mutterwesen ähnlich ist, daß von dem letzteren die Eigenschaften auf das erstere vererbt werden, soll darnach auf dem *unbewußten Gedächtnis* des Lebendigen beruhen, das im Laufe der Fortpflanzung die Erinnerung an vorhergehende Formen bewahrt. – Es ist hier nicht zu untersuchen, was an den Darstellungen Herings und Haeckels naturwissenschaftlich haltbar ist; für die Ziele, die hier verfolgt werden, ist lediglich wichtig, daß der Naturforscher sich gezwungen sieht, da, wo er über Geburt und Tod hinausgeht, wo er etwas voraussetzen muß, was den Tod überdauert, daß er da eine Wesenheit annimmt, die er sich dem Gedächtnis ähnlich denkt. Er greift naturgemäß zu einer übersinnlichen Kraft, da, wo die Gesetze der *physischen Natur* nicht hinreichen.

Man muß übrigens beachten, daß es sich hier zunächst nur um einen Vergleich, um ein *Bild* handelt, wenn von Gedächtnis gesprochen wird. Man darf nicht glauben, daß wir unter *Seele* etwas verstehen, was ohne weiteres dem bewußten Gedächtnis gleichkommt. Auch im gewöhnlichen Leben ist ja nicht immer bewußtes Gedächtnis im Spiele, wenn man sich die Erlebnisse der Vergangenheit zunutze macht. Die Früchte dieser Erlebnisse tragen wir in uns, auch wenn wir uns nicht bewußt an das Erlebte immer erinnern. Wer erinnert sich an alle Einzelheiten, durch die er lesen und schreiben gelernt hat? Ja, wem sind diese Einzelheiten überhaupt alle zum Bewußtsein gekommen? Die *Gewohnheit* zum Beispiel ist eine Art unbewußten Gedächtnisses. – Nur hingedeutet werden soll eben durch den *Vergleich* mit dem Gedächtnis auf das Seelische, das sich zwischen Körper und Geist einschiebt und den Vermittler bildet zwischen dem Ewigen und dem, was als Physisches in den Lauf von Geburt und Tod eingesponnen ist.

Der Geist, der sich wiederverkörpert, findet also innerhalb der physischen Welt die Ergebnisse seiner Taten als sein Schicksal vor; und die Seele, die an ihn gebunden ist, vermittelt seine Anknüpfung an dieses Schicksal. Man kann nun fragen: wie kann der Geist die Ergebnisse seiner Taten vorfinden, da er doch wohl bei seiner Wiederverkörperung in eine völlig andere Welt versetzt wird gegenüber derjenigen, in der er vorher war? Dieser Frage liegt eine sehr äußerliche Vorstellung von Schicksalsverkettung zugrunde. Wenn ich meinen Wohnplatz von Europa nach Amerika verlege, so befinde ich mich auch in einer völlig neuen Umgebung. Und dennoch hängt mein Leben in Amerika von meinem vorhergehenden in Europa ganz ab. Bin ich in Europa Mechaniker geworden, so gestaltet sich mein Leben in Amerika ganz anders, als wenn ich Bankbeamter geworden bin. In dem einen Falle werde ich wahrscheinlich in Amerika von Maschinen, in dem andern von Bankpapieren umgeben sein. In jedem Falle bestimmt mein Vorleben meine Umgebung, es zieht gleichsam aus der ganzen Umwelt diejenigen Dinge an sich, die ihm verwandt sind. So ist es mit meiner Geist-Seele. Sie umgibt sich notwendig mit demjenigen, mit dem sie aus dem Vorleben verwandt ist. Für niemand kann das dem Gleichnis von Schlaf und Tod widersprechen, der sich bewußt ist, daß er es eben nur mit einem Gleichnis – wenn auch mit einem der treffendsten – zu tun hat. Daß ich am Morgen die Lage vorfinde, die ich am vorhergehenden Tage selbst geschaffen, dafür sorgt der *unmittelbare* Gang der Ereignisse. Daß ich, wenn ich mich wieder verkörpere, eine Umwelt vorfinde, die dem Ergebnis meiner Taten in dem vorhergehenden Leben entspricht: dafür sorgt die Verwandtschaft meiner wieder geborenen Geistseele mit den Dingen dieser Umwelt.

Was führt mich in diese Umwelt hinein? *Unmittelbar* die Eigenschaften meiner Geistseele bei der neuen Verkörperung. Aber diese Eigenschaften habe ich doch nur, weil die Taten meiner früheren Leben sie der Geistseele eingeprägt haben. Diese Taten sind also die *wirkliche Ursache*, warum ich in bestimmte Verhältnisse hineingeboren werde. Und was ich heute tue, wird *mit* eine Ursache sein, warum ich in einem späteren Leben diese oder jene Verhältnisse antreffen werde. – So schafft sich der Mensch in der Tat sein Schicksal. Dieses erscheint nur so lange unbegreiflich, als man das einzelne Leben für sich betrachtet und es nicht als ein Glied der aufeinander folgenden Leben ansieht.

So kann man sagen, daß den Menschen im Leben nichts treffen kann, wozu er nicht selbst die Bedingungen geschaffen hat. Durch die Einsicht in das Schicksalsgesetz – in Karma – wird erst begreiflich, warum «der Gute oft leiden muß und der Böse glücklich sein kann». Diese scheinbare Disharmonie des *einen Lebens* verschwindet, wenn der Blick erweitert wird auf die vielen Leben. – So einfach wie einen gewöhnlichen Richter oder wie die staatliche Justizpflege darf man sich allerdings das Karmagesetz nicht vorstellen. Das wäre so, wie wenn man sich Gott als alten Mann mit weißem Bart vorstellte. Viele verfallen in diesen Fehler. Namentlich die Gegner der Karmaidee gehen von solch irrtümlichen Voraussetzungen aus. Sie kämpfen gegen die Vorstellung, die *sie* den Bekennern von Karma unterschieben, nicht gegen diejenige, welche die wahren Kenner haben.

In welchem Verhältnisse befindet sich der Mensch zur physischen Umwelt, wenn er in eine neue Verkörperung eintritt? Dieses Verhältnis ergibt sich einerseits daraus, daß er in der Zwischenzeit zwischen den beiden Verkörperungen keinen Anteil gehabt hat an der physischen Welt; andererseits daraus, welches seine Entwickelung in dieser Zwischenzeit war. Klar ist von vornherein, daß in *diese* Entwickelung nichts aus der physischen Welt einfließen kann, denn die Geistseele befindet sich ja eben *außerhalb* dieser physischen Welt. Sie kann daher alles, was in ihr vorgeht, nunmehr bloß aus sich selbst beziehungsweise aus der überphysischen Welt schöpfen. War sie innerhalb der Verkörperung in die physische Tatsachenwelt verstrickt, so ist nach der Entkörperung der *unmittelbare* Einfluß dieser Tatsachenwelt von ihr genommen. Und geblieben ist ihr lediglich aus derselben das, was wir mit dem Gedächtnisse verglichen haben. – Aus zwei Teilen besteht dieser «Gedächtnisrest». Seine Teile ergeben sich, wenn man in Erwägung zieht, was zu seiner Bildung beigetragen hat. – Der Geist hat in dem Körper gelebt und ist daher durch den Körper in Beziehung zur körperlichen Umwelt gekommen. Diese Beziehung hat ihren Ausdruck darin gefunden, daß sich vermittelst des Körpers Triebe, Begierden, Leidenschaften entwickelt haben und daß sich, durch diese, äußere Handlungen vollzogen haben. Weil er körperlich ist, handelt der Mensch unter dem Einflusse der Triebe, Begierden und Leidenschaften. Und diese haben nach zwei Seiten hin ihre Bedeutung. Sie drücken auf der einen Seite den äußeren Handlungen, die der Mensch begeht, den Stempel auf. Und sie formen auf der anderen Seite seinen persönlichen Charakter. Die Handlung, die ich begehe, ist die Folge meiner Begierde; und ich selbst bin als Persönlichkeit das, was diese Begierde zum Ausdruck bringt. Die Handlung geht in die Außenwelt über; die Begierde bleibt in meiner Seele wie die Vorstellung in meinem Gedächtnisse. Und wie zunächst das Vorstellungsbild in meinem Gedächtnisse durch jeden neuen gleichartigen Eindruck verstärkt wird, so die Begierde durch jede neue Handlung, die ich unter ihrem Einflusse vollziehe. So lebt in meiner Seele wegen des körperlichen Daseins eine Summe von Trieben, Begierden und Leidenschaften. Man bezeichnet diese Summe als den «Körper des Verlangens» (Kama rupa). – Dieser «Körper des Verlangens» hängt innig mit dem physischen Dasein zusammen. Denn er entsteht ja unter dem Einfluß der physischen Körperlichkeit. Von dem Augenblicke an, in dem der Geist nicht mehr verkörpert ist, kann er daher seine Bildung nicht mehr fortsetzen. Der Geist muß sich von ihm befreien, insofern er durch ihn mit dem einzelnen physischen Leben zusammengehangen hat. Auf das physische Leben folgt ein anderes, in dem diese Befreiung vor sich geht. Man kann fragen: Ist denn mit dem Tode nicht auch dieser «Körper des Verlangens» zerstört? Die Antwort darauf ist: Nein, in dem Maße, in dem in jedem Augenblicke des physischen Lebens das Verlangen die Befriedigung überwiegt, in dem Maße bleibt das Verlangen bestehen, wenn die Möglichkeit der Befriedigung aufgehört hat. Nur ein Mensch, der gar nichts wünscht von der sinnlichen Welt, hat keinen Überschuß des Verlangens über die Befriedigung. Nur der wunschlose Mensch stirbt, ohne in seinem Geiste eine Summe von Verlangen zurückzubehalten. Und diese Summe muß nach dem Tode gleichsam abklingen. Der Zustand dieses Abklingens wird «Aufenthalt im Orte des Verlangens» (in Kamaloka) genannt. Man sieht leicht ein, daß dieser Zustand um so länger dauern muß, je mehr der Mensch sich mit dem sinnlichen Leben verbunden gefühlt hat.

Der zweite Teil des «Gedächtnisrestes» wird auf andere Art gebildet. Wie das Verlangen den Geist nach dem vergangenen Leben zieht, so weist ihn dieser andere Teil nach der Zukunft. Der Geist hat sich durch seine Tätigkeit im Körper mit der Welt bekannt gemacht, der dieser Körper angehört. Jede neue Anstrengung, jedes neue Erlebnis erhöht diese seine Bekanntschaft. In der Regel macht der Mensch zum zweitenmal ein jedes Ding besser als beim ersten Versuch. Die Erfahrung, das Erlebnis prägt sich dem Geiste als eine Erhöhung seiner Fähigkeiten ein. So wirkt unsere Erfahrung auf unsere Zukunft, und wenn wir nicht mehr Gelegenheit haben, Erfahrungen zu machen, dann bleibt das Ergebnis dieser Erfahrungen als «Gedächtnisrest». – Aber keine Erfahrung könnte auf uns wirken, wenn wir nicht die Fähigkeiten hätten, den Nutzen aus ihr zu ziehen. Wie wir die Erfahrung aufnehmen können, was wir aus ihr zu machen vermögen, davon hängt es ab, was sie für unsere Zukunft bedeutet. Für Goethe war ein Erlebnis etwas anderes als für seinen Kammerdiener; und es hatte durch den ersteren ganz andere Folgen als durch den letzteren. Welche Fähigkeiten wir uns durch ein Erlebnis erwerben, hängt somit von der geistigen Arbeit ab, die wir in Verbindung mit dem Erlebnisse vollbringen. – Ich habe in einem gewissen Augenblicke meines Lebens immer eine Summe von Ergebnissen meiner Erfahrung in mir. Und diese Summe bildet die Anwartschaft auf Fähigkeiten, die in der Folge zutage treten können. – Eine solche Summe von Erfahrungen besitzt der Menschengeist bei seiner Entkörperung. Sie nimmt er ins übersinnliche Leben hinüber. Verknüpft ihn nun kein körperliches Band mehr mit dem physischen Dasein und hat er auch die Wünsche abgestreift, die ihn an dieses physische Dasein ketten, dann ist ihm die Frucht seiner Erfahrung geblieben. Und diese Frucht ist ganz von der unmittelbaren Einwirkung des *vergangenen* Lebens befreit. Der Geist kann nun lediglich darauf sehen, was sich für die *Zukunft* daraus formen läßt. So ist der Geist, nachdem er den «Ort des Verlangens» verlassen hat, in einem Zustande, in dem sich seine Erlebnisse der früheren Leben in Keime – Anlagen, Fähigkeiten usw. – für die Zukunft umsetzen. Man bezeichnet das Leben des Geistes in diesem Zustande als den Aufenthalt in dem «Orte der Wonne»

(Devachan). («Wonne» kann ja einen Zustand bezeichnen, der alle Sorge um das Vergangene vergessen macht und das Herz lediglich für die Zukunft schlagen läßt.) Es erhellt von selbst, daß dieser Zustand im allgemeinen um so länger dauern wird, eine je größere Anwartschaft beim Tode auf die Aneignung neuer Fähigkeiten vorhanden ist. – Hier kann es sich natürlich nicht darum handeln, alle Erkenntnisse zu entwickeln, die sich auf den Menschengeist beziehen. Es soll nur gezeigt werden, wie das Karmagesetz im physischen Leben wirkt. Dazu ist zunächst hinreichend zu wissen, was der Geist aus diesem physischen Leben in übersinnliche Zustände mit hinübernimmt, und was er davon zu einer neuen Verkörperung wieder mit zurückbringt. Er bringt die zu Eigenschaften seines Wesens gewordenen Ergebnisse der in früheren Leben gemachten Erlebnisse mit. – Um die Tragweite davon einzusehen, braucht man sich den Vorgang nur an einem einzelnen Beispiele klarzumachen. Kant sagt: «Zwei Dinge erfüllen das Gemüt mit immer neuer und zunehmender Bewunderung und Ehrfurcht ...: der bestirnte Himmel über mir und das moralische Gesetz in mir.» Jeder Denkende gibt nun zu, daß der gestirnte Himmel nicht aus dem Nichts heraus entsprungen ist, sondern sich allmählich gebildet hat. Und Kant selbst ist es, der 1755 in einer grundlegenden Schrift die allmähliche Bildung eines Kosmos zu erklären suchte. Aber ebensowenig darf man die Tatsache des moralischen Gesetzes ohne eine Erklärung hinnehmen. Auch dieses moralische Gesetz ist nicht aus dem Nichts heraus entsprungen. In den anfänglichen Verkörperungen, die der Mensch durchgemacht hat, sprach in ihm das moralische Gesetz nicht so, wie es in Kant gesprochen hat. Der primitive Mensch handelt ganz so, wie es seinen Begierden entspricht. Und er nimmt die Erlebnisse, die er mit solchem Handeln gemacht hat, hinüber in die übersinnlichen Zustände. Hier werden sie zu höherer Fähigkeit. Und in einer weiteren Verkörperung wirkt in ihm nicht mehr die bloße Begierde, sondern sie wird bereits mitgelenkt durch die Wirkungen der vorher gemachten Erfahrungen. Und viele Verkörperungen sind notwendig, bis der ursprünglich ganz den Begierden hingegebene Mensch seiner Umwelt das geläuterte moralische Gesetz gegenüberstellt, das Kant als etwas bezeichnet, zu dem man mit ebensolcher Bewunderung wie zu dem Sternenhimmel aufblickt.

Die Umwelt, in die der Mensch durch eine neue Verkörperung hineingeboren wird, bringt ihm die Ergebnisse seiner Taten, als sein Schicksal, entgegen. Er selbst tritt in diese Umwelt mit den Fähigkeiten, die er in den übersinnlichen Zuständen sich aus seinen früheren Erlebnissen herausgebildet hat. Deshalb werden auch seine Erlebnisse in der physischen Welt im allgemeinen auf einer um so höheren Stufe stehen, je öfter er sich verkörpert hat oder je größer seine Anstrengungen innerhalb seiner früheren Verkörperungen gewesen sind. Dadurch wird die Pilgerfahrt durch die Verkörperungen hindurch eine Aufwärtsentwickelung sein. Immer reicher wird der Schatz, den seine Erfahrungen in seinem Geiste ansammeln. Und damit tritt er immer reifer seiner Umwelt, seinem Schicksal entgegen. Das macht ihn immer mehr zum Herrn des Schicksals. Denn das ist es ja gerade, was er aus seinen Erlebnissen gewinnt, daß er die Gesetze der Welt durchschauen lernt, in welcher sich diese Erlebnisse abspielen. Erst findet sich der Geist in der Umwelt nicht zurecht. Er tappt im dunkeln. Aber mit jeder neuen Verkörperung wird es heller um ihn. Er erwirbt sich das Wissen, die Kenntnis der Gesetze seiner Umwelt; mit anderen Worten: er vollbringt immer mehr mit Bewußtsein, was er vorher in Dumpfheit vollbracht hat. Immer geringer wird der Zwang der Umwelt; immer mehr vermag der Geist sich selbst zu bestimmen. Der Geist aber, der sich aus sich selbst bestimmt, das ist der *freie Geist*. Ein Handeln im vollen hellen Lichte des Bewußtseins ist ein *freies Handeln*. (Das Wesen des freien Menschengeistes habe ich in meiner «Philosophie der Freiheit», Berlin 1893, darzulegen versucht.) Die volle Freiheit des Menschengeistes ist das *Ideal* seiner Entwicklung. Man kann nicht fragen: ist der Mensch frei oder unfrei? Die Philosophen, welche die Frage nach der Freiheit so stellen, können niemals zu einem klaren Gedanken darüber kommen. Denn der Mensch ist im gegenwärtigen Zustande weder frei noch unfrei; sondern er befindet sich auf dem Wege zur Freiheit. Er ist teilweise frei, teilweise unfrei. Er ist in dem Maße frei, als er sich Erkenntnis, Bewußtsein des Weltzusammenhanges, erworben hat. – Daß unser Schicksal, unser Karma in Form einer unbedingten Notwendigkeit an uns herantritt, ist kein Hindernis unserer Freiheit. Denn wenn wir handeln, treten wir ja mit dem Maße unserer Selbständigkeit, die wir uns erworben haben, an dieses Schicksal heran. Nicht das Schicksal handelt, sondern wir handeln in Gemäßheit der Gesetze dieses Schicksals.

Wenn ich ein Streichholz anzünde, so entsteht das Feuer nach notwendigen Gesetzen; aber ich habe erst diese notwendigen Gesetze in Wirksamkeit versetzt. Ebenso kann ich eine Handlung nur vollziehen im Sinne der notwendigen Gesetze meines Karma; aber ich bin es, der diese notwendigen Gesetze in Wirksamkeit versetzt. Und durch die von mir ausgehende Tat wird neues Karma geschaffen, wie das Feuer nach notwendigen Naturgesetzen weiter wirkt, nachdem ich es angezündet habe.

Damit ist zugleich Licht geworfen auf einen andern Zweifel, der in bezug auf die Wirksamkeit des Karmagesetzes jemand befallen kann. Man könnte nämlich vielleicht sagen: wenn Karma ein unabänderliches Gesetz ist, dann sei es ein Unding, jemand zu helfen. Denn was ihn trifft, sei die Folge seines Karma, und es sei schlechterdings *notwendig*, daß ihn dies oder jenes treffe. Gewiß, die Wirkungen des Schicksals, das sich ein Menschengeist in früheren Verkörperungen geschaffen hat, kann ich nicht aufheben. Aber es handelt sich darum, wie er sich mit diesem Schicksal zurechtfindet und welches neue Schicksal er sich unter dem Einflusse des alten schafft. Helfe ich ihm, so kann ich bewirken, daß er durch seine Taten seinem Schicksal eine günstige Wendung gibt; unterlasse ich die Hilfe, so tritt vielleicht das Gegenteil ein. Allerdings wird es darauf ankommen, ob meine Hilfe eine weise oder unweise ist.

Eine Höherentwickelung des Menschengeistes bedeutet sein Fortschreiten durch immer neue Verkörperungen. Diese Höherentwickelung kommt dadurch zum Ausdrucke, daß die Welt, in der des Geistes Verkörperungen stattfinden, von diesem immer mehr durchschaut wird. Zu dieser Welt gehören aber die Verkörperungen selbst. Auch in bezug auf sie tritt der Geist aus dem Zustande der Unbewußtheit in den der Bewußtheit. Auf dem Wege der Entwickelung liegt der Punkt, in dem der Mensch mit voller Bewußtheit auf seine Verkörperungen zurückzuschauen vermag. – Dies ist eine Vorstellung, über die man leicht spotten kann; und es ist natürlich kinderleicht, sie abfällig zu kritisieren. Wer das aber tut, hat von der Art solcher Wahrheiten keinen Begriff. Und Spott sowohl wie

Kritik legen sich wie ein Drache vor das Tor des Heiligtums, innerhalb dessen man sie erkennen kann. Denn von Wahrheiten, deren Verwirklichung für den Menschen erst in der Zukunft liegt, ist es wohl selbstverständlich, daß er sie in der Gegenwart nicht als Tatsache auffinden kann. Es gibt nur einen Weg, um sich von ihrer Wirklichkeit zu überzeugen; und der ist, sich anzustrengen, *um diese Wirklichkeit zu erreichen.*

Anmerkungen von Rudolf Steiner

[1] Ich kann mir denken, daß es viele gibt, die auf dem Gipfel der Wissenschaftlichkeit zu stehen glauben und welche die folgenden Auseinandersetzungen «ganz unwissenschaftlich» finden. Ich kann diese verstehen, denn ich weiß, daß zu diesem Einwand notwendig derjenige gedrängt wird, der keine Erfahrung auf übersinnlichem Gebiete hat und der zugleich nicht die nötige Zurückhaltung und Selbstbescheidenheit hat, um zuzugeben, daß er noch etwas lernen könne. Nur wenigstens das eine sollten solche Menschen nicht sagen, daß die hier vorgebrachten Vorgänge dem «Verstande widersprechen», und daß man sie «mit dem Verstande nicht beweisen kann». Der Verstand kann gar nichts tun, als Tatsachen kombinieren und systematisieren. Tatsachen kann man *erfahren*, aber nicht «mit dem Verstande beweisen». Mit dem Verstande kann man auch einen Walfisch nicht beweisen. Den muß man entweder selbst sehen oder sich von denen beschreiben lassen, die einen gesehen haben. So ist es auch mit übersinnlichen Tatsachen. Ist man noch nicht so weit, sie selbst zu sehen, so muß man sie sich beschreiben lassen. Ich kann jedermann die Versicherung geben, daß die übersinnlichen Tatsachen, die ich im folgenden beschreibe, für den, dessen höhere Sinne geöffnet sind, ebenso «tatsächlich» sind wie der Walfisch.

[2] Für diejenigen, welche an die gangbaren theosophischen Ausdrücke gewöhnt sind, bemerke ich folgendes. (Ich entlehne meine Ausdrücke aus gewissen Gründen einer okkulten Sprache, die in den Bezeichnungen, von der in den verbreiteten theosophischen Schriften üblichen etwas abweicht, in der Sache aber natürlich mit ihnen völlig übereinstimmt. Daher eben will ich hier die eine Ausdrucksweise mit der anderen zusammenstellen.) Jede der oben angegebenen Wesenheiten: *Leib, Seele, Geist* besteht wieder aus drei Gliedern. Dadurch erscheint der Mensch aus *neun* Gliedern gebildet. Der *Leib* besteht aus: 1. dem eigentlichen Leib, 2. dem Lebensleib, 3. dem Empfindungsleib. Die *Seele* besteht aus: 4. der Empfindungs-

seele, 5. der Verstandesseele und 6. der Bewußtseinsseele. Der *Geist* besteht aus: 7. Geistselbst, 8. Lebensgeist, 9. Geistesmensch. Im verkörperten Menschen verbinden sich (fließen ineinander) 3 und 4 und 6 und 7. Dadurch erscheinen für ihn die neun auf sieben Glieder zusammengezogen, und man erhält die übliche theosophische Einteilung des Menschen: 1. der eigentliche Leib (Sthula sharira), 2. der Lebensleib (Prana), 3. der von der Empfindungsseele durchsetzte Empfindungsleib (Astralkörper, Kama rupa), 4. die Verstandesseele (Kama manas), 5. die vom Geistselbst durchsetzte Bewußtseinsseele (Buddhi manas), 6. der Lebensgeist (Buddhi), 7. der Geistesmensch (Atma).

FRAGEN UND ANTWORTEN

aus der Zeitschrift «Luzifer» / «Lucifer-Gnosis»
1903 bis 1906

*Von dem Verhältnis der physischen
zur übersinnlichen Wesenheit des Menschen*

Frage: «Widerspricht es nicht der Lehre von der Wiederverkörperung, daß die geistigen Fähigkeiten eines Menschen während seines Lebens abnehmen? Es kommt doch vor, daß geniale Menschen im Alter schwachsinnig werden. Welcher Geist verkörpert sich dann wieder: der hochentwickelte ihres reifen oder der schwachsinnige ihres Greisenalters?»

Die Antwort auf diese Frage setzt voraus, daß man sich eine richtige Vorstellung bilde von dem Verhältnis der physischen (sinnlichen) und der übersinnlichen Wesenheit des Menschen. Die physische Wesenheit unterliegt den physischen Gesetzen. Während seiner Verkörperung kann der Menschengeist nur dasjenige vollbringen, was diese physischen Gesetze zulassen. – Wenn durch die Gesetze des Körpers im Alter der Geist nicht mehr imstande ist, in derselben Weise zu wirken, wie er das in einer früheren Lebensepoche imstande war, so rührt das davon her, weil sein Körper ein weniger gutes *Mittel* für seinen Geist geworden ist. – Man nehme einmal an: man habe es mit einem genialen Pädagogen zu tun. Er unterrichte einmal einen sehr begabten Knaben. Er wird wahrscheinlich ein Ergebnis erzielen, das die Welt in Erstaunen versetzen wird. Später werde ihm ein unbegabter Knabe übergeben. Dieselbe geniale Erziehungskunst wird nur eine Wirkung erzielen, die weit unter der ersten steht. Und es kann zu dieser Abnahme der Wirkung ja auch kommen, wenn der erste Knabe durch eine Erkrankung später nicht mehr fähig ist, das ihm von seinem Lehrer Gebotene in derselben Art aufzunehmen wie früher. – Ist deshalb die pädagogische Kunst des Lehrers geringer geworden? Wird dieser nicht, sobald er die Möglichkeit hat, wieder auf der vollen Höhe seines Wirkens stehen? Nicht anders ist es mit dem Menschengeiste gegenüber seinem Körper. Was altert, ist dieser Körper; und nur der gealterte Körper ist nicht mehr fähig, das ihm vom Geist Gebotene zum Ausdruck zu bringen. Sobald dieser Geist – in einer nächsten Verkörperung – wieder die Möglichkeit dazu hat, wird er auch wieder auf der Höhe seines Wirkens stehen. – Nun wohl, wird unser Fragesteller sagen: aber der schwachsinnig gewordene Greis müßte dann wenigstens in seinem Innern seine früheren Kräfte haben, wenn er sie auch nicht äußern kann. – Auch das braucht nicht der Fall zu sein. Denn auch das *Bewußtsein* unseres Selbst ist von den Gesetzen unseres Körpers abhängig. Wir sind uns niemals unseres Geistes in seinem vollen Umfange bewußt, sondern nur insoweit, als dies die Gesetze unserer gegenwärtigen Verkörperung zulassen. Man muß klar unterscheiden, was man *ist*; und das, was man jeweilig von sich selbst *erkennt*. Was man *ist*, das ist man ewig; was man jeweilig von sich erkennt, das hängt genauso von den (zeitlichen) Gesetzen der Verkörperung ab wie dasjenige, was man von der Außenwelt erkennt. Habe ich wegen eines Verfalls meines Körpers nicht mehr die Fähigkeit, die Außenwelt so zu beherrschen wie früher, dann habe ich auch nicht mehr die andere, mich selbst in der früheren Art zu beherrschen. Doch weil mir diese Fähigkeit nur durch Tatsachen genommen ist, die nicht in meinem Geiste, sondern außerhalb desselben liegen, so werde ich sie wieder haben, sobald ich in einer neuen Verkörperung nicht mehr in ungeeigneten, sondern in geeigneten äußeren Gesetzen lebe. – Der Widerspruch, der mit obiger Frage ausgedeutet werden soll, liegt nicht auf dem Felde der geistigen Tatsachen selbst, sondern nur in den *Vorurteilen*, welche der Materialismus der Theosophie entgegenbringt.

Gibt es einen Zufall

Frage: In einer Zuschrift aus dem Leserkreise ist folgende Frage enthalten: «Läßt denn die theosophische Lehre gar keinen ‹Zufall› gelten? Ich kann mir zum Beispiel nicht denken, daß es im *Karma* jedes einzelnen liegen kann, wenn bei einem Theaterbrande fünfhundert Menschen zusammen zugrunde gehen.»

Antwort: Die Gesetze des Karma sind so verwickelt, daß es niemanden wundern sollte, wenn irgendeine Tatsache zunächst dem menschlichen Verstande in Widerspruch mit der allgemeinen Gültigkeit dieses Gesetzes zu sein scheint. Man muß sich eben durchaus klarmachen, daß dieser Verstand zunächst an unserer physischen Welt geschult ist und daß er im allgemeinen nur gewöhnt ist, das zuzugeben, was er in dieser Welt gelernt hat. Nun gehören aber die karmischen Gesetze durchaus *höheren Welten* an – in Deutschland ist es üblich, «höheren Ebenen» zu sagen. – Will man daher irgendein Vorkommnis, das den Menschen trifft, karmisch so bewirkt denken, wie man sich etwa das Walten einer Gerechtigkeit rein im irdisch-physischen Leben denkt, so muß man notwendig auf Widerspruch über Widerspruch stoßen. Man muß sich klarmachen, daß ein gemeinsames Erlebnis, das mehrere Menschen in der physischen Welt trifft, für jeden einzelnen von ihnen in den höheren Welten etwas durchaus Verschiedenes bedeuten kann. Natürlich ist auch das Umgekehrte nicht ausgeschlossen, daß sich gemeinsame karmische Verkettungen in gemeinsamen irdischen Erlebnissen zur Wirkung bringen. Nur wer in höheren Welten klar zu sehen vermag, kann im einzelnen sagen, was vorliegt. Wenn sich die karmischen Verkettungen von fünfhundert Menschen so ausleben, daß diese Menschen bei einem Theaterbrande zugrunde gehen, dann sind unter anderem folgende Fälle möglich:

Erstens: Es brauchen die karmischen Verkettungen keines einzigen der fünfhundert Menschen mit denen eines anderen der Verunglückten etwas zu tun zu haben. Das gemeinsame Unglück verhält sich dann zu den Karmen der einzelnen Personen, wie sich etwa das Schattenbild von fünfzig Personen auf einer Wand zu den Gedanken- und Empfindungswelten dieser Personen verhält. Vor einer Stunde hatten vielleicht diese fünfzig Personen *nichts* Gemeinsames; in einer Stunde werden sie vielleicht wieder *nichts* Gemeinsames haben. Was sie bei ihrem Zusammentreffen im gemeinsamen Raume erlebt haben, wird für jeden seine besondere Wirkung haben. Ihr Zusammensein aber drückt sich in dem genannten gemeinsamen Schattenbilde aus. Wer aber aus diesem Schattenbilde irgend etwas schließen wollte für eine Gemeinsamkeit der Personen, würde recht fehl gehen.

Zweitens: Es ist möglich, daß das gemeinsame Erlebnis der fünfhundert Personen gar nichts mit deren karmischer Vergangenheit zu tun hat, daß sich aber gerade durch dieses gemeinsame Erlebnis etwas vorbereitet, was sie in der *Zukunft* karmisch zusammenführt. Vielleicht werden diese fünfhundert Personen in fernen Zeiten zusammen eine gemeinsame Unternehmung ins Werk setzen, und durch das Unglück sind sie *für höhere Welten* zusammengeführt worden. Dem erfahrenen Mystiker ist es durchaus bekannt, daß zum Beispiel Vereine, die sich gegenwärtig bilden, ihren Ursprung dem Umstande verdanken, das die Menschen, die sich zusammentun, in einer fernen Vergangenheit ein gemeinsames Unglück erlebt haben.

Drittens: Es kann wirklich ein solcher Fall die Wirkung früherer gemeinsamer Verschuldungen der in Betracht kommenden Personen sein. Dabei sind aber noch unzählige andere Möglichkeiten vorhanden. Es können zum Beispiel alle drei angeführten Möglichkeiten miteinander kombiniert sein usw.

In der physischen Welt von «Zufall» sprechen, ist gewiß nicht unberechtigt. Und so unbedingt der Satz gilt: «Es gibt keinen Zufall», wenn man *alle* Welten in Betracht zieht, so unberechtigt wäre es, das Wort «Zufall» auszumerzen, wenn bloß von der Verkettung der Dinge in der physischen Welt die Rede ist. Der Zufall in der physischen Welt wird nämlich dadurch herbeigeführt, daß sich in dieser Welt die Dinge *im sinnlichen Raume* abspielen. Sie müssen, insofern sie sich in *diesem* Raume abspielen, auch den Gesetzen *dieses Raumes* gehorchen. In diesem Raume aber können *äußerlich* Dinge zusammentreffen, die zunächst *innerlich* nichts miteinander zu tun haben. Sowenig mein Gesicht wirklich verzerrt ist, weil es sich in einem unebenen Spiegel verzerrt zeigt, so wenig brauchen die Ursachen, die einen Ziegelstein vom Dache fallen lassen, der mich, als gerade Vorübergehenden, beschädigt, mit meinem Karma, das aus meiner Vergangenheit stammt, etwas zu tun zu haben. – Der Fehler, der da gemacht wird, besteht darinnen, daß viele sich die karmischen Zusammenhänge zu einfach vorstellen. Sie setzen zum Beispiel voraus: wenn diesen

Menschen ein Ziegelstein beschädigt hat, so muß er sich diese Beschädigung karmisch verdient haben. Dies ist aber durchaus nicht notwendig. Im Leben eines jeden Menschen treten fortwährend Ereignisse auf, die mit seinem Verdienst oder seiner Schuld in der Vergangenheit durchaus nichts zu tun haben. Solche Ereignisse finden ihren karmischen Ausgleich *eben in der Zukunft*. Was mir heute unverschuldet zustößt, dafür werde ich in der Zukunft entschädigt. Das eine ist richtig: nichts bleibt ohne karmischen Ausgleich. Ob aber ein Erlebnis des Menschen die Wirkung seiner karmischen Vergangenheit oder die Ursache einer karmischen Zukunft ist: das muß im einzelnen erst festgestellt werden. Und das kann nicht durch den an die physische Welt gewöhnten Verstand, sondern lediglich durch die okkulte Erfahrung und Beobachtung entschieden werden.

Über Geisteskrankheiten

Eine weitere Anfrage lautet: «Wie stellt sich die Theosophie zu den Geisteskrankheiten? Die gegenwärtige Wissenschaft leugnet, daß jemand durch eine irrtümliche, verkehrte Gedankenrichtung in Geisteskrankheit verfallen kann. Höchstens könne Überanstrengung in bezug auf geistige Arbeit das Nervensystem und Gehirn krank machen, nicht aber der geistige Inhalt. Gibt das auch die Theosophie zu?»

Antwort: Die gegenwärtige medizinische Wissenschaft weiß zwar durchaus nicht Bescheid in bezug auf die gesetzmäßigen Zusammenhänge in höheren Welten; was aber die angeführte Behauptung derselben betrifft, so liegt ihr durchaus eine Wahrheit zugrunde. Was man Geisteskrankheit nennt und was als solche Erkrankung physischer Organe ist, kann auch nur seinen unmittelbaren Ursprung in *physischen* Tatsachen haben. Eine verkehrte Empfindung, ein verfehlter Gedanke haben ihre schädlichen Wirkungen zunächst in höheren Welten, und sie können nur mittelbar auf die physische Welt zurückwirken. Wer also nur von den Gesetzen der physischen Welt spricht und andere nicht kennt, würde eben einen Fehler machen, wenn er einen in der angedeuteten Richtung gehenden Einfluß des Geistes auf das Gehirn zugeben wollte. Die gegenwärtige Medizin hat also *von ihrem Standpunkt aus* ganz recht. *In ihrem Sinne* können irrsinnige Gedanken nur die Folge eines kranken Gehirnes sein, nicht, umgekehrt, kann ein krankes Gehirn die Folge irrender Gedanken sein. Der Zusammenhang zwischen Gehirn und Gedanke liegt aber nicht in der physischen Welt. Er liegt in einer höheren Welt. Und obwohl das physische Gehirn, welches unser Auge im physischen Raume sieht, nicht direkt beeinflußt werden kann von dem Inhalte des Gedankens, wie ihn der ebenfalls an die physische Welt gebundene Verstand kennt: so besteht doch ein – für physische Beobachtung verborgener – Zusammenhang zwischen den höheren (mentalen) Gesetzen, aus denen das Gehirn einerseits, die Gedanken dieses Gehirnes andererseits stammen. Und wer *diesen* Zusammenhang sehen kann, für den ist – unter gewissen Verhältnissen – durchaus der Satz richtig: der Mensch macht sich selbst durch seine verkehrten Gedanken wahnsinnig, das heißt gehirnkrank. Einen solchen Satz muß man aber erst verstehen, bevor man ihn kritisiert. Und der gegenwärtigen Medizin – natürlich nicht allen Medizinern – fehlen die Mittel, ihn zu verstehen. Man sollte nun als Theosoph in solchen Fällen durchaus duldsam sein. Mit der bloßen Aburteilung über die ärztliche Kunst und ihren Materialismus ist gar nichts getan. Der Theosoph müßte einsehen, warum ihn der heutige Arzt nicht verstehen kann; während er doch durchaus diesen Arzt zu verstehen vermag.

Über das Verhältnis der Tierseele zur Menschenseele

Es wird folgende Frage gestellt: «Wie hat man sich vom Standpunkte der in Ihrer Zeitschrift vertretenen Ansicht das Verhältnis der Tierseele zur Menschenseele vorzustellen? Es ist doch unleugbar, daß vielen Tieren durch Ausbildung geistige Verrichtungen beigebracht werden können, die den menschlichen sehr nahe kommen, wie man das an dem jetzt so viel besprochenen Pferde des Herrn v. Osten sehen kann. Müßte man deshalb konsequenterweise nicht auch bei Tieren eine Wiederverkörperung annehmen?»

Gewiß soll nicht in Abrede gestellt werden, daß die Tiere Fähigkeiten zeigen, welche, den menschlichen Geistesäußerungen gegenübergestellt, die Beantwortung der Frage schwierig machen: wo liegt die Grenze zwischen Tier- und Menschenseele? Und der Materialismus hat daher immer seine Berechtigung abgeleitet, den *Wesensunterschied* zwischen Mensch und Tier ganz zu leugnen und zu behaupten, die Menschenseele sei nur eine vollkommener ausgebildete Tierseele und *nur* aus dieser entstanden. Wer geistig zu beobachten versteht, wird aber in diesem Punkte nicht irregeführt werden können. Und für den Theosophen haben solche Erscheinungen wie das in der Frage angeführte Pferd (über diesen einzelnen Fall ist deshalb nutzlos, besonders zu sprechen) weder etwas Überraschendes noch irgendwie Rätselhaftes. Die Tierseele ist eine Gattungsseele. Und was sich im Tierreich wiederverkörpert, ist die Gattung. Der Löwe, den man sieht, wird nicht in derselben Weise wiederkehren wie der Mensch, der zu uns spricht. Was sich von dem Löwen wiederverkörpert, ist die «Gattung Löwe», nicht dieses oder jenes «Individuum» Löwe. Das aber, was sich vom Menschen wiederverkörpert, ist eben dieses *Individuum*. Deshalb kann auch in Wirklichkeit nur beim Menschen von einer Biographie, das heißt von einer Beschreibung des Individuellen gesprochen werden. Beim Tiere sind wir, im allgemeinen, befriedigt, wenn wir die «Gattung» begreifen und beschreiben. Wer wollte zum Beispiel in demselben Sinne wie beim Menschen von Vater, Sohn und Enkel beim Löwen drei Biographien schreiben? Alle drei hat man erkannt, wenn man die eine *«Gattung Löwe»* erfaßt hat.

Nun kann gewiß eingewendet werden, daß auch über Tiere etwas Biographisches gesagt werden könne, und daß auch ein Hund sich von dem andern so unterscheide wie ein Mensch von dem andern. Man mag sagen: ein Hundebesitzer vermag gewiß die Biographie seines Hundes zu schreiben; und wenn man die individuellen Unterschiede der Tiere leugnet, so beruhe dies nur darauf, daß man sie nicht genau kennt. Das alles wird, ohne weiteres, zugegeben. Aber kann man denn nicht auch von *diesem* Gesichtspunkte aus die «Biographie» jedes beliebigen Dinges schreiben? Erinnert man sich denn nicht, daß Kindern in der Schule die Aufgabe gestellt wird: «Lebensgeschichte einer Stecknadel»? In der Natur gibt es eben überall Übergänge. So kann es ein Tier so weit bis zu individuellen Eigenschaften bringen, daß diese sich wie eine auffällige Schattierung seines Gattungscharakters darstellen; und umgekehrt, kann ein Mensch so wenig Individuelles an sich haben, daß uns alles bei ihm gattungsmäßig erscheint. Daß man sich durch solche Dinge nicht in bezug auf das Wesentliche beirren läßt, worauf es ankommt, dafür muß eben die Schulung der geistigen Beobachtung Sorge tragen. Die ersten Bücher, die durch den Buchdruck hergestellt worden sind, sind denjenigen, die vor und auch noch nach Erfindung der Buchdruckerkunst durch kunstmäßiges Abschreiben hergestellt worden sind, ähnlich gewesen. Wollte daraus jemand auf die Wesensgleichheit von Abschreiben und Buchdruck schließen?

Wenn ein Tier zur Verrichtung von Dingen abgerichtet wird, die denen des Menschen ähnlich sind, so darf daraus niemand schließen, daß im Innern dieses Tieres dasselbe wohne wie im Innern des Menschen. Er müßte sonst auch schließen, daß in dem Uhrwerk, das die Zeit anzeigt, ein kleiner Kobold sitze, der die Zeiger vorwärts bewegt, oder in dem Automaten, in den er zehn Pfennig wirft und der ihm dafür eine Schokoladetafel «gibt». Es kommt darauf an, *wo* der Geist ist, der einer Sache zugrunde liegt. Der Geist der Uhr muß in dem Uhrmacher gesucht werden. Etwas weniger einfach ist die Sache, wenn von dem Geiste des Tieres gesprochen wird. Das Tier ist weder eine vollkommene Maschine noch ist es ein unvollkommener Mensch. Es liegt in seiner Wesenheit zwischen beiden. – Es ist eigentlich der Geist des Uhrmachers, oder vielmehr des Uhrenerfinders, der mir durch die Uhrenvorrichtung die Zeit zeigt. Und ebenso ist es der Geist des Abrichters, der durch ein abgerichtetes Tier zu mir spricht. Nur liegt beim Tiere die Verführung näher, die geistigen Verrichtungen dem Wesen selbst zuzuschreiben, als bei der Uhr. Der Zusammenhang ist im ersteren Fall verborgener.

Nun soll, nach diesen verstandesmäßigen Erläuterungen, der Sachverhalt im Sinne der Theosophie hierher gesetzt werden. Im Tier offenbart sich Geist, Seele und Leib. Von diesen drei Prinzipien finden aber nur Seele und Leib ihren Ausdruck in der physischen Welt. Der Geist wirkt von einer höheren Welt herein in die Tierwelt. Beim Menschen drücken sich alle drei Prinzipien in der physischen Welt aus. Deshalb darf man bei den Verrichtungen des Tieres auch nicht sagen, daß sie nicht aus dem Geiste stammen. Wenn der Biber seinen kunstvollen Bau verfertigt, so ist es der Geist, der das, von einer höheren Welt aus, bewirkt. Wenn der Mensch baut, so tut das der Geist *in ihm*. Dressiert nun der Mensch ein Tier, so wirkt sein Geist auf den nichtindividuellen Geist des Tieres; und dieser bedient sich der Organe des Tieres zur Ausführung des Bewirkten. Deshalb ist es so unrichtig, wenn man sagt: das Tier, das heißt ein betreffendes tierisches Individuum, rechne usw., wie wenn man sagte: meine «Hand nimmt den Löffel», statt «ich nehme den Löffel». Wer allerdings nur *materielle* Tatsachen gelten läßt, für den hat alles das überhaupt keinen Sinn. Und ihm bleibt nichts anderes übrig, als *zuerst* über manche geistige Äußerung eines Tieres zu staunen und *dann* den Geist des Tieres dem menschlichen so ähnlich wie möglich zu denken. Daß die heutige Wissenschaft über die «intelligenten» Leistungen mancher Tiere so verwundert ist, und zunächst auch vor Rätseln steht, beweist nur, daß diese Wissenschaft in ihrer ganzen Denkungsart doch noch ganz materialistisch ist. Der charakteristische Unterschied des Tieres und des Menschen ergibt sich aber durch keine materialistische, sondern nur durch eine vom Geiste ausgehende Betrachtungsart.

Theosophen würden sich nicht wundern, wenn noch viel «klügere» Tiere vorgeführt würden, als geschieht. Deshalb aber werden *sie* immer doch wissen, wo der Wesensunterschied zwischen Tier und Mensch liegt.

Über Vererbung von Anlagen und Fähigkeiten

Folgende Frage ist gestellt worden: «Nach dem Gesetz der Wiederverkörperung soll man sich vorstellen, daß die menschliche Individualität ihre Anlagen, Fähigkeiten usw. als eine Wirkung aus ihren früheren Leben besitzt. Steht damit nun nicht im Widerspruche, daß solche Anlagen und Fähigkeiten, zum Beispiel moralischer Mut, musikalische Begabung usw., sich unmittelbar von den Eltern auf die Kinder vererben?»

Bei einer richtigen Vorstellung über die Gesetze von Reinkarnation, Wiederverkörperung und Karma ist in dem oben Ausgedrückten kein

Widerspruch zu finden. Unmittelbar vererben können sich allerdings nur diejenigen Eigenschaften des Menschen, die seinem physischen Körper und seinem Ätherkörper zukommen. Unter dem letzteren hat man den Träger aller Lebenserscheinungen (der Wachstums- und Fortpflanzungskräfte) zu verstehen. Alles, was damit zusammenhängt, ist unmittelbar zu vererben. In geringerem Maße schon ist vererbbar, was an den sogenannten Seelenleib gebunden ist. Darunter ist zu verstehen eine gewisse Disposition in den Empfindungen. Ob man einen lebhaften Gesichtssinn, ein gut entwickeltes Gehör usw. hat, das kann davon abhängen, ob sich die Vorfahren solche Eigenschaften erworben und auf uns vererbt haben. Dagegen kann niemand das auf seine Nachkommen übertragen, was mit dem eigentlich geistigen Wesen des Menschen zusammenhängt, also zum Beispiel die Schärfe und Genauigkeit seines Vorstellungslebens, die Zuverlässigkeit seines Gedächtnisses, den moralischen Sinn, die erworbenen Erkenntnis- und Kunstfähigkeiten und so weiter. Dies sind Eigenschaften, die innerhalb seiner Individualität beschlossen bleiben und in seinen nächsten Reinkarnationen als Fähigkeiten, Anlagen, Charakter und so weiter zum Vorschein kommen. – Nun ist aber die Umgebung, in welche der sich wiederverkörpernde Mensch eintritt, nicht zufällig, sondern sie steht in einem notwendigen Zusammenhange mit seinem Karma. Man nehme zum Beispiel an, ein Mensch habe sich in seinem früheren Leben die Anlage zu einem moralisch starken Charakter erworben. In seinem Karma liege es, daß diese Anlage bei einer Wiederverkörperung herauskomme. Sie könnte das unmöglich, wenn er nicht in einem Leibe verkörpert würde, der von ganz bestimmter Beschaffenheit ist. Diese leibliche Beschaffenheit muß aber von den Vorfahren ererbt sein. Die sich verkörpernde Individualität strebt nun durch eine ihr innewohnende Anziehungskraft zu denjenigen Eltern hin, welche ihr den geeigneten Leib geben können. Das rührt davon her, daß sich diese Individualität bereits vor der Wiederverkörperung mit den Kräften der Astralwelt verbindet, die zu bestimmten physischen Verhältnissen hinstreben. So wird der Mensch in diejenige Familie hineingeboren, die ihm die seinen karmischen Anlagen entsprechenden leiblichen Verhältnisse vererben kann. Es sieht dann in dem Beispiel vom moralischen Mut so aus, als ob dieser selbst von den Eltern vererbt wäre. In Wahrheit hat der Mensch durch seine individuelle Wesenheit sich diejenige Familie aufgesucht, die ihm die Entfaltung des moralischen Mutes möglich macht. Dabei kann auch noch in Betracht kommen, daß die Individualitäten der Kinder und der Eltern in früheren Leben bereits verbunden waren und sich gerade deshalb wieder gefunden haben. Die karmischen Gesetze sind so verwickelt, daß man niemals aus dem äußeren Anschein sich ein Urteil bilden kann. Nur derjenige kann das einigermaßen, vor dessen geistigen Sinnesorganen die höheren Welten zum Teil offen liegen. Wer außer dem physischen Leib auch noch den Seelenorganismus (Astralleib) und den Geist (Mentalkörper) zu beobachten vermag, dem wird klar, was auf den Menschen von seinen Vorfahren übergegangen und was sein eigenes, in früheren Leben erworbenes Besitztum ist. Für den gewöhnlichen Blick vermischen sich diese Dinge, und es kann leicht so erscheinen, als ob etwas bloß angeerbt sei, was karmisch bedingt ist. – Es ist ein durchaus weises Wort, daß Kinder den Eltern «geschenkt» sind. Sie sind es in geistiger Beziehung ganz und gar. Aber es sind ihnen Kinder mit gewissen geistigen Eigenschaften deshalb geschenkt, weil sie gerade die Möglichkeit haben, diese geistigen Eigenschaften der Kinder zur Entfaltung zu bringen.

Wiederverkörperung – im hilflosen Kinde?

Es wird folgende Frage vorgelegt: «Kann man es nach der Lehre von Wiederverkörperung und Karma verstehen, daß eine hochentwickelte Menschenseele in einem hilflosen, unentwickelten Kinde wiedergeboren wird? Für viele hat doch der Gedanke etwas Unerträgliches und Unlogisches, immer wieder und wieder bei der Kindheitsstufe anfangen zu müssen.»

Wie der Mensch sich in der physischen Welt betätigen kann, das hängt ganz von den physischen Werkzeugen ab, die er hat. Höhere Ideen zum Beispiel können in dieser Welt nur zum Ausdruck kommen, wenn ein vollentwickeltes Gehirn vorhanden ist. So wie der Klavierspieler warten muß, bis ihm der Klavierbauer das Klavier so weit fertiggestellt hat, daß er auf demselben seine musikalischen Ideen wiedergeben kann, so muß die Seele warten mit ihren im früheren Leben erworbenen Fähigkeiten, bis die Kräfte der physischen Welt die körperlichen Organe so weit ausgebaut haben, daß sie ein Ausdruck dieser Fähigkeiten werden können. Die Naturkräfte müssen *ihren* Weg, die Seele auch den ihrigen gehen. Nun ist aber allerdings vom Anfange des Menschenlebens an ein Zusammenarbeiten der Seelen- und der Körperkräfte vorhanden. Die Seele wirkt in dem noch schmieg- und biegsamen Kindeskörper aber so, daß dieser später ein Träger derjenigen Kräfte werden kann, die in früheren Lebensperioden erworben worden sind. Es ist ja durchaus notwendig, daß sich der wiedergeborene Mensch den neuen Lebensverhältnissen erst anpasse. Würde er einfach mit allem früher Erworbenen in einem neuen Leben auftreten, so würde er zu der umgebenden Welt nicht passen. Er hat ja seine Fähigkeiten und Kräfte unter ganz anderen Verhältnissen in einer ganz anderen Umwelt erworben. Er wäre, wenn er einfach in seinem früheren Zustande in die Welt eintreten wollte, ein Fremdling in derselben. Die Kindheitsperiode ist dazu da, den Einklang hervorzubringen zwischen den alten Verhältnissen und den neuen. Wie würde sich ein noch so kluger Mensch der alten Römerzeit in unserer Welt ausnehmen, wenn er mit seinen erworbenen Kräften einfach in diese Welt hineingeboren würde? Eine Kraft kann erst dann angewendet werden, wenn sie sich mit der Umwelt in Harmonie gesetzt hat. Wenn zum Beispiel ein Genie geboren wird, so liegt schon die geniale Kraft im innersten Wesenskern des Menschen, den man auch den Ursachenkörper nennt. Der niedere Geistkörper (Kama manas, die Verstandesseele) und der Gefühls- und Empfindungskörper (Astralleib) sind aber anpassungsfähig, in einem gewissen Grade unbestimmt. Diese beiden Teile der menschlichen Wesenheit werden nun ausgearbeitet. Dabei wirkt von innen heraus der Ursachenkörper, von außen die Umgebung. Wenn diese Arbeit geleistet ist, dann können diese beiden Teile Werkzeuge der erworbenen Kräfte sein. – Es ist demnach weder etwas Unlogisches noch etwas Unerträgliches in dem Gedanken, als Kind geboren zu werden. Unerträglich wäre es vielmehr, als fertiger Mensch in eine Welt hineingeboren zu werden, in der man ein Fremdling ist.

Sind aufeinanderfolgende Inkarnationen einander ähnlich?

Eine zweite Frage ist die folgende: «Sind zwei aufeinanderfolgende Inkarnationen eines Menschen einander ähnlich, so daß zum Beispiel ein Architekt wieder als Architekt, ein Musiker als Musiker geboren wird?»

Das kann der Fall sein, muß es aber durchaus nicht. Es kommt solche Ähnlichkeit allerdings vor; sie ist aber keineswegs die Regel. Man kommt auf diesem Gebiete leicht zu falschen Vorstellungen, weil man über die Gesetze der Wiederverkörperung sich Gedanken macht, die zu sehr an Äußerlichkeiten hängen. Jemand liebt zum Beispiel südliche Gegenden und glaubt deshalb: er müsse in einem früheren Leben ein Südländer gewesen sein. Solche Neigungen aber berühren den Ursachenkörper gar nicht. Sie haben überhaupt so unmittelbar nur für das eine Leben eine Bedeutung. Was von einer Verkörperung in die andere hinüberwirkt, muß tiefer im Wesenskern des Menschen sitzen. Man nehme zum Beispiel an: jemand sei in einem Leben Musiker. In den Ursachenkörper hinein reichen die geistigen Harmonien und Rhythmen, die sich in Tönen ausleben. Die Töne selbst gehören dem äußeren physischen Leben an. Sie sitzen in den Teilen des Menschen, die entstehen und vergehen. Der Kamamanas-Leib (die Verstandes- oder Gemütsseele), der einmal für Töne der geeignete Apparat ist, kann es in einem nächsten Leben für die Anschauung von Zahlen- und Raumverhältnissen sein. Und aus dem Musiker kann ein Mathematiker werden. Gerade durch diese Tatsache macht sich der Mensch im Laufe seiner Verkörperungen zu einem allseitigen Wesen, indem er durch die mannigfaltigsten Lebensbetätigungen durchgeht. Aber es gibt, wie gesagt, Ausnahmen von dieser Regel. Und diese sind dann aus den großen Gesetzen der geistigen Welt erklärlich.

Idiotie

Eine dritte Frage ist die folgende: «Wie hat man den Fall karmisch zu betrachten, wenn der Mensch durch Krankheit des Gehirns zur Idiotie verurteilt ist?»

Über alle solchen Dinge sollte eigentlich nicht durch Spekulation und

Hypothesen, sondern aus der geheimwissenschaftlichen Erfahrung heraus gesprochen werden. Es soll daher die Frage hier durch ein Beispiel beantwortet werden, das wirklich vorgekommen ist. Ein Mensch war in einem vorhergehenden Leben verurteilt, durch ein unentwickeltes Gehirn ein Dasein der Stumpfheit zu führen. In der Zwischenzeit zwischen seinem Tode und einer neuen Geburt konnte er nun all die bedrückenden Erfahrungen eines solchen Lebens, das Herumgestoßenwerden, die Lieblosigkeit der Menschen in sich verarbeiten, und er wurde als ein wahres Genie der Wohltätigkeit wieder geboren. Ein solcher Fall zeigt klar, wie fehl man geht, wenn man im Leben alles karmisch auf die Vergangenheit bezieht. Man kann eben durchaus nicht immer sagen: dieses Schicksal rühre von dem oder jenem Verschulden in der Vergangenheit her. Ebensooft wird man zu denken haben: irgendein Erlebnis habe gar keine Beziehung zur Vergangenheit: sondern werde vielmehr erst die Ursache für eine karmische Ausgleichung in der Zukunft sein. Ein Idiot braucht eben durchaus sein Schicksal nicht durch seine Taten in der Vergangenheit verdient zu haben. Aber die karmische Folge seines Schicksals für die Zukunft wird durchaus nicht ausbleiben. So wie beim Kaufmann die jeweilige Bilanz durch die Zahlen seines Kassenbuches bestimmt ist, er aber immer neue Einnahmen und Ausgaben machen kann, so können in das Leben eines Menschen immer neue Taten, Schicksalsschläge usw. eintreten, trotzdem sein Lebenskonto in jedem Augenblick ein ganz bestimmtes ist. Deshalb darf Karma nicht als ein unbeeinflußbares Schicksal des Menschen, als ein Fatum aufgefaßt werden, sondern es ist mit der Freiheit, mit dem Willen des Menschen durchaus vereinbar. Nicht Ergebung in ein unabänderliches Geschick fordert Karma, sondern im Gegenteil: es bringt die Sicherheit, daß keine Tat, kein Erlebnis des Menschen ohne Wirkung bleibt oder gesetzlos in der Welt abläuft, sondern sich in ein gerechtes, ausgleichendes Gesetz einfügt. Gerade, wenn es kein Karma gäbe, dann herrschte Willkür in der Welt. So aber kann ich wissen, daß jede meiner Handlungen, jedes meiner Erlebnisse sich einem gesetzmäßigen Zusammenhange einfügt. Meine Tat ist frei, ihre Wirkung absolut gesetzmäßig. Es ist eine freie Tat des Kaufmannes, wenn er ein Geschäft macht; das Ergebnis davon aber fügt sich gesetzmäßig in seine Bilanz ein.

Gehen frühere Fähigkeiten der Menschenseele verloren?

Es liegt folgende Frage vor: «Wenn wir durch immer neue Verkörperungen in den aufeinanderfolgenden Rassen uns diejenigen Fähigkeiten aneignen sollen, zu deren Entwickelung uns jene die Gelegenheit bieten, wenn ferner *nichts* von dem, was die Seele durch Erfahrung sich angeeignet hat, aus ihrem Vorratsschatz wieder verlorengehen soll – wie erklärt es sich, daß in der Menschheit von heute (wenigstens in unseren zivilisierten Ländern), die doch ehemals auch in den dritten und vierten Wurzelrassen auf Erden lebte, so gar nichts übriggeblieben ist von den zu jenen Zeiten nach Angaben der Seher so hochentwickelten Fähigkeiten des Willens, der Vorstellung, der Beherrschung von Naturkräften? Gibt es etwa ein Gesetz, das die schon gefundenen *einfachen* Wege zu einem gewissen Ziele verbietet und wieder verschließt, damit alle Kraft an die Auffindung *neuer, höherer* Bahnen verwandt werde?»

In der Tat geht nichts verloren von den Fähigkeiten, welche sich die Seele bei ihrem Durchgang durch eine Entwickelungsstufe erworben hat. Aber wenn eine neue Fähigkeit erworben wird, so nimmt die vorher erworbene eine andere Form an. Sie lebt sich dann nicht mehr für sich selbst aus, sondern als *Grundlage* für die neue Fähigkeit. Bei den Atlantiern war zum Beispiel die Fähigkeit des Gedächtnisses angeeignet worden. Der gegenwärtige Mensch kann sich in der Tat nur sehr schwache Vorstellungen von dem machen, was das Gedächtnis eines Atlantiers zu leisten vermochte. Alles das nun, was in unserer fünften Wurzelrasse als gleichsam *angeborene* Vorstellungen auftritt, ist in Atlantis durch das Gedächtnis erst erworben worden. Die Raum-, Zeit-, Zahlvorstellungen und so weiter würden ganz andere Schwierigkeiten machen, wenn sich sie der gegenwärtige Mensch erst erwerben sollte. Denn die Fähigkeit, die sich dieser gegenwärtige Mensch aneignen soll, ist der kombinierende Verstand. Eine Logik gab es bei den Atlantiern nicht. Nun muß aber jede früher erworbene Seelenkraft in ihrer eigenen Form zurücktreten, hinuntertauchen unter die Schwelle des Bewußtseins, wenn eine neue erworben werden soll. Der Biber müßte seine Fähigkeit, intuitiv seine künstlichen Bauten aufzuführen, in etwas anderes verwandeln, wenn er zum Beispiel plötzlich ein denkendes Wesen würde. – Die Atlantier hatten zum Beispiel auch die Fähigkeit, die Lebenskraft in einer gewissen Weise zu beherrschen. Ihre wunderbaren Maschinen konstruierten sie durch diese Kraft. Aber sie hatten dafür gar nichts von dem, was die Völker der fünften Wurzelrasse als Gabe, zu erzählen, haben. Es gab bei ihnen noch nichts von Mythen und Märchen. In der Maske der Mythologie trat zunächst bei den Angehörigen unserer Rasse die lebensbeherrschende Kraft der Atlantier auf. Und in dieser Form konnte sie die Grundlage werden für die Verstandestätigkeit unserer Rasse. Die großen Erfinder unserer Rasse sind Inkarnationen von «Sehern» der atlantischen Rasse. In ihren genialen Einfällen lebt sich etwas aus, das ein anderes zur Grundlage hat, etwas, das während ihrer atlantischen Inkarnation als lebenschaffende Kraft in ihnen war. Unsere Logik, Naturkenntnis, Technik usw. wachsen aus einem Boden heraus, der in Atlantis gelegt worden ist. Könnte zum Beispiel ein Techniker seine kombinierende Kraft zurückverwandeln, so käme etwas heraus, was der Atlantier vermochte. Die gesamte römische Jurisprudenz war umgewandelte Willenskraft einer früheren Zeit. Der Wille selbst blieb dabei im Hintergrunde, und statt selbst Formen anzunehmen, verwandelte er sich in die Gedankenformen, die sich in den Rechtsbegriffen ausleben. Der Schönheitssinn der Griechen ist auf der Grundlage unmittelbarer Kräfte erbaut, die sich bei den Atlantiern in einer großartigen Züchtung von Pflanzen und Tierformen ausleben. In Phidias' Phantasie lebte etwas, was der Atlantier unmittelbar zur Umgestaltung von wirklichen Lebewesen verwandte.

*Wie hat man sich Gesundheit und Krankheit
im Sinne des Karmagesetzes zu denken?*

Es wird folgende Frage vorgelegt: «Wie hat man sich Gesundheit und Krankheit im Sinne des ‹Karmagesetzes› zu denken?»

Da demnächst über diese Frage eine ausführlichere Darlegung erscheinen wird, so kann für diesmal die Beantwortung kurz gefaßt werden. Wie in allen Dingen, welche den Menschen betreffen, so darf auch in bezug auf Gesundheit und Krankheit die Sache nicht so gefaßt werden, als ob sie ohne weiteres «Strafe» und «Lohn» wären für das, was er, der Mensch, in einem früheren oder vielleicht gar in «diesem» Leben begangen hat. Es kann zum Beispiel eine Person von einer Krankheit befallen werden, für welche gar keine Ursache nachgewiesen werden kann, weder im früheren noch in dem gegenwärtigen Leben. Dann tritt die Krankheit gewissermaßen als ein «erstes» Ereignis in den menschlichen Lebenslauf ein, sie ist selbst eine «erste» Ursache. Sie wird dann eben *ihre* Wirkung in irgendeiner Art in dem folgenden Lebenslauf nach sich ziehen. Das Karmagesetz wirkt unbedingt überall; aber man darf nicht glauben, daß man überall bloß Wirkungen hat, zu denen die Ursachen in der Vergangenheit liegen; ebenso kann man es mit Ursachen zu tun haben, deren Wirkungen in der Zukunft liegen werden. Über die gesetzmäßigen Zusammenhänge kann nach den okkulten Erfahrungen mancherlei gesagt werden. Zum Beispiel zeigen sich Dinge, welche in einem Leben den Astralleib betreffen, in einem nächsten als eine Anlage des Ätherleibes. Lügt der Mensch häufig in seinem Leben, so ist das in eben diesem Leben nur einer Eigenschaft des Astralleibes zuzuschreiben. Die Wiederholung des Lügens aber teilt sich nach und nach dem Ätherleib mit, und als Folge zeigt sich in einem nächsten Leben eine leichtfertige, phlegmatische Art der Persönlichkeit, welche auf gewissen Eigenschaften des Ätherleibes beruht. Fügt ein Mensch seinen Mitmenschen viel Schmerzen zu, so beruht auch dies zunächst auf Merkmalen des Astralleibes; aber auch da wirkt die Wiederholung so, daß dem Ätherleib etwas mitgeteilt wird, was sich im nächsten Leben als melancholische Anlage zeigt, die ja auch auf Eigenschaften des Ätherleibes beruht. – Ein weiteres Beispiel kann angeführt werden. Wenn sich bei einer Person eine gewisse sinnwidrige Gewohnheit ausbildet, so beruht dies in dem entsprechenden Leben auf Merkmalen des Ätherleibes. Im nächsten Leben aber zeigt es sich, daß diese Gewohnheit auf die Zusammensetzung des physischen Leibes gewirkt hat. Und eben die hier vorhandene Wirkung zeigt sich als Krankheitsanlage. Man kann geradezu die Ursache einer krankhaften Veranlagung in einer Ausbildung schlechter Gewohnheiten in einem früheren Leben erkennen. Aber alle diese Zusammenhänge sind sehr kompliziert, und man kann Bestimmtes darüber nur auf Grund einzelner wirklicher okkulter Erfahrungen aussagen. Gesundheit ist im allgemeinen die Wirkung von guten, sinngemäßen Gewohnheiten in einem vorangegangenen Leben. Man kann nach vorliegenden okkulten Forschungen für einzelne Fälle zum Beispiel folgendes sagen: ein gedankenloses Leben führt in einem nächsten Dasein zu einer leichtlebigen Anlage, die sich insbesondere in Vergeßlichkeit, Gedächtnislosigkeit ausprägt, in einem weiteren Leben erscheint die Vergeßlichkeit als eine krankhafte Anlage, die gegenwärtig vielfach als «Nervosität» bezeichnet wird. Man wird das Karmagesetz erst dann richtig verstehen, wenn es nicht im Sinne der gewöhnlichen menschlichen Justizpflege, sondern in einem viel höheren aufgefaßt wird.

ZWEITER TEIL

Wiederverkörperung und Karma
und ihre Bedeutung
für die Kultur der Gegenwart

Fünf Vorträge
gehalten in Berlin und Stuttgart 1912

ERSTER VORTRAG

Berlin, 23. Januar 1912

An die Bemerkungen, die wir über die geistigen Tatsachen und Wesenheiten der höheren Welten machen konnten und die durch unsere Generalversammlungszeit unterbrochen worden sind, wird sich nunmehr gut einiges anschließen lassen, das uns Aufklärung geben kann über gewisse Dinge, welche mit der gegenwärtigen Entwickelung des Menschen zusammenhängen. Während also die Betrachtungen, die wir im Herbst gepflogen haben, uns mehr in die Vorgänge gewissermaßen innerhalb der höheren Hierarchien führen sollten, wollen wir heute einiges betrachten, das uns wie so recht menschliche Angelegenheiten naheliegen kann.

Es wird sich gewiß der Mensch, welcher sich eine Weile mit Anthroposophie beschäftigt hat, und der namentlich die Grundanschauungen von Reinkarnation und Karma und der übrigen Wahrheiten der Menschheit und ihrer Entwickelung aufgenommen hat, leicht fragen: Warum kommt man denn gar so schwer zu einer unmittelbaren, wirklichen Anschauung jener Wesenheit im Menschen, die durch die wiederholten Erdenleben hindurchgeht, jener Wesenheit des Menschen also, welche, wenn man sie nur einigermaßen genauer und immer genauer kennenlernen würde, ganz selbstverständlich führen müßte auch zu einer Einsicht in die Geheimnisse der wiederholten Erdenleben und eben auch des Karma?

Nun muß allerdings gesagt werden: Alles, was gerade mit dieser Frage zusammenhängt, greift der Mensch gewöhnlich ganz verkehrt an. Zunächst sucht sich ja der Mensch, wie das nur allzu selbstverständlich ist, über diese Dinge auch aufzuklären durch die gewöhnliche Gedankenwelt, durch den gewöhnlichen Verstand, und er fragt sich: Inwiefern kann man aus den Tatsachen des Lebens heraus Anhaltspunkte gewinnen dafür, daß die Anschauung von den wiederholten Erdenleben und von dem Karma eine richtige ist?

Nun wird der Mensch zwar bis zu einem gewissen Punkte mit einem solchen Bestreben kommen können, das im wesentlichen auf Nachdenken fußt; aber er wird damit eben doch nur bis zu einem gewissen Punkte kommen können. Denn unsere Gedankenwelt ist eigentlich, so wie sie einmal beschaffen ist, ganz und gar abhängig von jenen Einrichtungen innerhalb unserer Gesamtorganisation als Menschen, die eigentlich bloß auf die eine Inkarnation beschränkt ist, die wir dadurch erhalten, daß wir eben so, wie wir als Menschen zwischen Geburt und Tod leben, diese bestimmte Organisation zugeteilt erhalten. Und von dieser Organisation, ja, geradezu von der besonderen Ausgestaltung des physischen Leibes und des ja nur um eine Stufe über den physischen Leib hinausragenden Ätherleibes, ist alles abhängig, was wir unsere Gedankenwelt nennen können. Und je scharfsinniger im Grunde genommen diese Gedanken sind, je mehr sie sich einlassen können auf abstrakte Wahrheiten, desto mehr sind diese Gedanken abhängig von der äußeren, nur auf eine Inkarnation beschränkten Organisation des Menschen. Wir können das schon daraus entnehmen, daß wir, was ja öfter gesagt worden ist, in das Leben zwischen dem Tode und einer neuen Geburt, also in das geistige Leben hinein, von alledem, was wir in der Seele erleben, am allerwenigsten unsere Gedanken mitnehmen können. Also das, was wir am allerscharfsinnigsten ausdenken, müssen wir am allermeisten zurücklassen. Man könnte förmlich sagen: Was legt denn der Mensch ab, wenn er durch die Pforte des Todes schreitet? Nun, zunächst seinen physischen Leib. Aber von alledem, was nun innerlich ist, legt der Mensch fast ebenso umfänglich, restlos alles ab, was er an abstrakten Gedanken in seiner Seele ausgestaltet hat. Diese zwei Dinge, physischer Leib und abstrakte Gedanken, ja, geradezu wissenschaftliche Gedanken, kann der Mensch am allerwenigsten mitnehmen, wenn er durch die Pforte des Todes schreitet. Der Mensch nimmt gewissermaßen leicht mit seine Neigungen, seine Triebe, Begierden, wie sie sich herangebildet haben, insbesondere seine Gewohnheiten, nimmt auch mit die Art und Natur seiner Willensimpulse, aber am allerwenigsten seine Gedanken.

Daraus schon, weil die Gedanken so sehr gebunden sind an die äußere Organisation, kann geschlossen werden, daß sie auch kein Werkzeug sind, das sehr geeignet ist, um einzudringen in die Geheimnisse von Reinkarnation und Karma, welche ja Wahrheiten sind, die über die einzelne Inkarnation hinausgehen. Aber bis zu einem gewissen Punkte kann man dennoch kommen, und bis zu einem gewissen Punkte muß man sogar das Denken ausbilden, wenn man theoretisch Reinkarnation und Karma einsehen will. Was darüber gesagt werden kann, das ist im Grunde genommen alles gesagt entweder in dem Kapitel über Reinkarnation und Karma in der «Theosophie» oder in der kleinen Schrift «Reinkarnation und Karma, vom Standpunkte der modernen Naturwissenschaft notwendige Vorstellungen». Man wird kaum viel hinzufügen können zu dem, was in diesen beiden Schriften gesagt ist.

Was der Intellekt hinzufügen kann, diese Frage soll uns heute nicht weiter beschäftigen, sondern vielmehr die Frage: Wie kann nun der Mensch zu einer gewissen Anschauung von Reinkarnation und Karma doch kommen, das heißt zu einer Anschauung, die mehr wert ist als eine bloße theoretische Überzeugung, die eine Art innerer Gewißheit geben kann, daß der eigentliche geistig-seelische Wesenskern in uns von früheren Leben herüberkommt und zu späteren Leben hinübergeht?

Man kommt zu einer solchen bestimmten Anschauung dadurch, daß man innerliche Dinge ausführt, welche keineswegs leicht sind, welche schwierig sind, aber die deshalb doch immerhin ausgeführt werden können. Der erste Schritt, den man da machen kann, ist, daß man die gewöhnliche Art von Selbsterkenntnis ein wenig übt, die Art, die darin bestehen kann, daß der Mensch gewissermaßen auf sein Leben zurückblickt, so zurückblickt, daß er sich fragt: Was bin ich denn überhaupt für ein Mensch gewesen? Bin ich ein Mensch gewesen mit einer starken Neigung zum Nachdenken, zu einem innerlich nachsinnenden Wesen, oder bin ich ein Mensch gewesen, der stets mehr die Sensationen der Außenwelt geliebt hat, dem dieses oder jenes im Leben gefallen oder nicht gefallen hat? Bin ich ein Mensch gewesen, der in der Schule gern lesen, aber nicht gern rechnen wollte, der die anderen Kinder gern geschlagen hat, aber sich nicht gern hat schlagen lassen? Oder bin ich vielleicht ein Kind gewesen, das immer dazu bestimmt war, eins abzukriegen, und das nicht schlau genug gewesen ist, die anderen eins abkriegen zu lassen? – In dieser Weise ein wenig zurückzublicken auf sein Leben und insbesondere sich zu fragen: Wozu war ich – in intellektueller Weise oder in derjenigen Weise, die auf die Gemütsstimmungen oder auf die Willensimpulse bezüglich ist – besonders veranlagt? Was ist mir leicht, was ist mir schwierig geworden? Was hat mich so getroffen, daß ich ihm gern habe entfliehen wollen? Was hat mich so getroffen, daß ich mir gesagt habe: Es ist mir recht, daß es so gekommen ist und so weiter –, so also auf sein Leben in einer gewissen Weise zurückzublicken, das ist gut zu einer intimeren Erkenntnis seines geistig-seelischen Wesenskernes; vor allem alles das klar vor die Seele zu stellen, was zu dem gehört, was man eigentlich nicht gern gewollt hat. So zum Beispiel, ob man ein Sohn gewesen ist, der vielleicht gern ein Dichter geworden wäre, der von seinem Vater aber zum Handwerker bestimmt worden ist und auch ein Handwerker hat werden müssen, trotzdem er es nie so recht hat werden wollen; er ist es geworden, wäre aber lieber ein Dichter geworden. So sich klarmachen, was man eigentlich hat werden wollen, was man aber gegen seinen Willen geworden ist, dann sich klarmachen, was einem gepaßt hat im Jugendleben und was einem nie zuteil geworden ist. Dann weiter sich klarmachen, woraus man so recht hätte herauskommen wollen, welchem man so recht hätte entfliehen wollen. Ich bemerke, daß dies, was ich jetzt sage, sich auf das Leben in der Vergangenheit beziehen soll, nicht auf die Zukunft; das wäre eine falsche Vorstellung.

Also man soll sich im Grunde genommen klarmachen, was einem ein solcher Rückblick in die Vergangenheit sagt: was man nicht hat wollen, welchem man hat entfliehen wollen und so weiter. Wenn man sich das klargemacht hat, dann hat man eigentlich ein Bild derjenigen Dinge in seinem Leben, die einem so recht am wenigsten gefallen. Darum handelt es sich aber gerade, daß man die Dinge in seinem Leben herausbekommt, die einem in der Vergangenheit am wenigsten gefallen haben. Und man muß nun versuchen, sich ganz einzuleben in eine höchst merkwürdige Vorstellung: Alles das, was man nun eigentlich nicht gewollt und gewünscht hat, energisch zu wollen und zu wünschen! Also energisch einmal sich vor die Seele stellen: Wie wärest du eigentlich, wenn du lebendig, heftig alles das gewünscht hättest, was du eigentlich nicht gewünscht hast, was dir im Grunde genommen im Leben gegen den Strich gegangen ist? - Ausschalten muß man dabei in einer gewissen Weise dasjenige, was einem zu überwinden gelungen ist. Denn das allerwichtigste ist, daß man diejenigen Dinge wünscht, oder sich so vorstellt, als ob man sie lebhaft wünschen würde, die man nicht gewünscht hat, oder denen gegenüber man seine Wünsche nicht hat durchsetzen können, so daß man sich in der Empfindung, in Gedanken ein Wesen schafft, von dem man die Vorstellung haben kann, daß man es im Grunde genommen bisher gar nicht gewesen ist. Und jetzt stelle man sich vor, daß man eigentlich gerade dieses Wesen mit aller Vehemenz, mit aller Intensität gewesen wäre. Wenn man sich das vorstellt, wenn es einem gelingt, sich zu identifizieren mit diesem Wesen, das man auf diese Weise sich selber sozusagen einkonstruiert hat, dann hat man schon wesentlich etwas gewonnen auf dem Wege, seinen inneren seelischen Wesenskern kennenzulernen. Denn es wird einem gerade an dem Bilde, das man sich nun von seiner Eigenpersönlichkeit in der geschilderten Weise machen kann, etwas aufgehen, was man in der gegenwärtigen Inkarnation nicht ist, was man aber hereingebracht hat in die gegenwärtige Inkarnation. Sein tieferes Wesen wird einem aufgehen an dem Bilde, das man sich auf diese Weise konstruiert.

Es wird also von dem, der zu seinem inneren Wesenskern kommen will, im Grunde genommen etwas verlangt, was die Menschen in unserer Gegenwart am allerwenigsten tun. Unsere Gegenwart ist gar nicht dazu veranlagt, auch nur in einer gewissen Weise so etwas herbeizusehen, was dem ähnlich ist, was jetzt gefordert worden ist; denn in unserer Gegenwart streben eigentlich die Menschen, wenn sie über sich selber nachdenken, am allermeisten danach, sich so, wie sie sind, absolut richtig zu finden. Wenn wir zurückgehen in frühere Zeiten einer noch religiöseren Entwickelung, dann finden wir das Gefühl, daß der Mensch sich zerknirscht empfinden soll, da er so wenig dem entspricht, was er als sein göttliches Vorbild bezeichnen kann. Das war zwar nicht die Vorstellung, von der heute gesprochen worden ist, aber es war die Vorstellung, welche von dem, womit der Mensch gewöhnlich zufrieden ist, abführte und zu etwas anderem hinführte - wenn auch nicht zu der Überzeugung von einer anderen Inkarnation –, nämlich zu jenem Wesen hinführte, das über unsere Organisation, wie sie sich zwischen Geburt und Tod herausbildet, hinüberlebt. Es wird einem folgendes aufgehen, wenn man das Gegenbild von dem zeichnet, was man ist: Dieses Gegenbild, so schwer es dir geworden ist, es in diesem Leben als dein Bild zu fassen, es hat doch etwas mit dir zu tun; das kannst du nicht leugnen. Wenn du es hast, wird es dich verfolgen, wird es dir vor der Seele schweben und sich so zusammenkristallisieren, daß du dir sagen wirst: Dieses Bild hat etwas mit mir zu tun, aber ganz gewiß nicht mit meinem jetzigen Leben. – Dann bildet sich die Empfindung heraus, daß dieses Bild gerade aus einem früheren Leben stammt.

Wenn wir dies uns vor die Seele führen, werden wir bald gewahr werden, wie irrtümlich die meisten Vorstellungen sind, die man sich gewöhnlich über Reinkarnation und Karma bildet. Sie werden es selbst schon gehört haben: wenn einem irgendwo ein Mensch im Leben entgegentritt, der zum Beispiel ein guter Rechner ist, und wenn man dann zugleich Anthroposoph ist, dann wird man sich leicht die Vorstellung bilden: In der vorhergehenden Inkarnation ist dieser Mensch ein guter Rechner gewesen. Viele Reinkarnationsketten werden leider von unausgebildeten Anthroposophen in der Weise aufgestellt, daß man einfach glaubt, die vorhergehende Inkarnation dadurch zu finden, daß man die Fähigkeiten, die in der gegenwärtigen auftreten, auch in der vorhergehenden oder womöglich in mehreren vorhergehenden Inkarnationen wird finden müssen. Das ist die schlechteste Art, zu spekulieren. Man trifft gewöhnlich damit das Falsche. Denn die wirklichen Beobachtungen mit den Mitteln der Geisteswissenschaft zeigen zumeist das genaue Gegenteil. Leute zum Beispiel, die in der vorhergehenden Inkarnation gute Rechner, gute Mathematiker waren, treten in der gegenwärtigen Inkarnation so auf, daß sie gar keine Begabung für Mathematik zeigen, daß ihnen die mathematische Begabung fehlt. Und will man wissen, welche Begabungen man höchstwahrscheinlich in der vorigen Inkarnation hatte – ich mache darauf aufmerksam, daß wir jetzt also auf dem Boden der Wahrscheinlichkeit stehen –, will man wissen, welche Fähigkeiten in dieser Richtung an Intelligenz, künstlerischen Dingen und so weiter man in der vorigen Inkarnation gehabt hat, so tut man gut, wenn man nachdenkt, wozu man in dieser Inkarnation am allerwenigsten Fähigkeiten hat, wozu man in dieser Inkarnation sich am allerwenigsten eignet. Wenn man das herausbekommen hat, dann wird man finden, worin man wahrscheinlich in der vorhergehenden Inkarnation brilliert hat, wofür man ganz besonders begabt war. Ich sage «wahrscheinlich» aus dem Grunde, weil diese Dinge auf der einen Seite wahr sind, aber auf der anderen Seite vielfach durchkreuzt werden von anderen Tatsachen. Da kann zum Beispiel der Fall eintreten, daß einer eine besondere mathematische Begabung in der vorhergehenden Inkarnation hatte, aber früh gestorben ist, so daß diese mathematische Begabung nicht ganz zum Ausdruck gekommen ist; dann wird er in seiner nächsten Inkarnation wieder mit einer mathematischen Begabung geboren werden, die sich dann wie eine Fortsetzung aus der vorhergehenden Inkarnation darstellen wird. Der früh verstorbene Mathematiker *Abel* wird ganz gewiß in seiner nächsten Inkarnation mit einer starken mathematischen Begabung wiedergeboren werden. Wo dagegen ein Rechner besonders alt geworden ist, wo sich diese Begabung ausgelebt hat, da wird der Betreffende in seiner nächsten Inkarnation geradezu stumpfsinnig sein in bezug auf Mathematik. So ist mir eine Persönlichkeit bekannt, die so wenig mathematische Begabung hatte, daß sie als Schulbube geradezu die Ziffern haßte; und während der Betreffende in den anderen Fächern gute Zensuren hatte, war es überhaupt nur dadurch möglich, daß er die Schulklassen durchmachen konnte, daß man ihm in den anderen Fächern besonders gute Zensuren ausstellte. Das rührte davon her, daß er in der vorhergehenden Inkarnation ein besonders guter Mathematiker gewesen ist.

Wenn man weiter darauf eingeht, dann stellt sich die Tatsache heraus, daß das, was man in einer Inkarnation äußerlich treibt, das heißt, was man nicht allein äußerlich treibt, sondern was man für einen äußerlichen oder innerlichen Beruf hat, in der nächsten Inkarnation in die innere Organbildung eingeht, zum Beispiel in der Weise, daß man, wenn man in einer Inkarnation ein besonders guter Mathematiker war, dasjenige, was man sich da angeeignet hat an Zahlen- und Figurenbeherrschung, mitgenommen und hineingearbeitet hat in eine besondere Ausarbeitung seiner Sinnesorgane, zum Beispiel der Augen. Und Menschen, die sehr gut sehen, haben diese sorgfältige Ausbildung der Formen des Auges davon, daß sie in der vorhergehenden Inkarnation in Formen gedacht und dieses Denken in Formen mitgenommen haben und, indem sie durch die Zeit zwischen Tod und neuer Geburt geschritten sind, ihre Augen besonders ausziseliert haben. Da ist die mathematische Begabung ins Auge hineingeflossen und lebt sich nicht mehr in mathematischer Begabung aus.

Ein anderer den Okkultisten bekannter Fall ist der, wo eine Individualität in einer Inkarnation besonders intensiv in Architekturformen lebte: was sie da empfunden hat, das lebte sich ein als Kräfte in das innere Seelenleben und ziselierte besonders fein aus das Gehörwerkzeug, so daß diese Individualität in der nächsten Inkarnation ein großer Musiker wurde. Sie wurde nicht ein großer Architekt, weil die Empfindungsformen, die sich an die Architektur anlehnten, organaufbauend wurden, so daß nichts übrigblieb, als in hohem Maße Musik zu empfinden.

Eine äußere Betrachtung der Ähnlichkeiten täuscht in der Regel über das, was Eigentümlichkeiten in den aufeinanderfolgenden Inkarnationen sind. Und wie wir nachdenken müssen über das, was uns nicht gefallen hat und uns vorstellen müssen, als ob wir es intensiv wünschten, so sollen wir auch nachdenken über die Dinge, zu denen wir am wenigsten befähigt sind, in denen wir sozusagen ganz stumpfsinnig sind. Und wenn wir die allerstumpfsinnigsten Seiten unseres Wesens entdecken, dann können sie uns mit größter Wahrscheinlichkeit zu dem führen, worin wir in der vorhergehenden Inkarnation am allermeisten geglänzt haben. Daraus sehen wir, daß es naheliegt, gerade diese Dinge am falschen Ende anzufangen. Wie uns im übrigen auch ein gewisses Nachdenken darüber belehren kann, daß es eben der innerste seelische Wesenskern ist, der von einer Inkarnation in die andere hinüberlebt, das zeigt zum Beispiel die Erwägung, daß der Mensch Sprachen doch niemals dadurch leichter lernt, daß er in einer vorhergehenden Inkarnation etwa in einem Sprachgebiete gelebt hat, das mit der betreffenden Sprache, die er jetzt lernen soll, zusammenhing;

denn sonst würden es unsere Gymnasiasten nicht gar so schwer haben, Griechisch oder Lateinisch zu lernen, obwohl viele in ihren früheren Inkarnationen in einem Gebiete gelebt haben, wo sie diese Sprachen als die gewöhnlichen Umgangssprachen gesprochen haben.

Von dem, was wir äußerlich an uns heranbringen, müssen wir sagen, daß es so sehr verbunden ist mit dem, was sich abschließt in dem Leben des Menschen zwischen Geburt und Tod, daß gar nicht davon die Rede sein kann, daß diese Dinge in der nächsten Inkarnation in derselben Weise wiedererscheinen, sondern daß sie in Kräfte umgewandelt in die nächste oder nächsten Inkarnationen übergehen. Diejenigen Menschen, die zum Beispiel in einer Inkarnation eine besondere Anlage haben zum Sprachen erlernen, werden diese Anlage in ihrer nächsten Inkarnation nicht haben; dafür aber werden sie die Anlage haben, zu mehr unbefangenem Urteilen als die übrigen Menschen.

Das sind Dinge, die mit den Geheimnissen der Reinkarnation zusammenhängen. Und gerade wenn man auf diese Geheimnisse der Reinkarnation blickt, wird man in der intensivsten Weise eine Vorstellung bekommen von dem, was eigentlich wirklich im Menschen innerlich ist, und was in einer gewissen Weise doch zu den Äußerlichkeiten gerechnet werden muß. Zum Beispiel ist für den gegenwärtigen Menschen die Sprache durchaus nicht mehr innerlich. Man kann die Sprache um dessentwillen, was sie ausdrückt, um des Volksgeistes willen lieben; aber sie ist etwas, was in umgewandelten Kräfteformen von einer Inkarnation in die andere übergeht.

Wenn der Mensch solche Dinge verfolgt, daß er auf der einen Seite sagt: Ich will einmal recht sehr wünschen und wollen, was ich doch gegen meinen Willen geworden bin und wofür ich am wenigsten Veranlagung habe – dann kann er wissen: Es werden sich mir die Vorstellungen, die ich da gewinne, zusammenformen zu dem Bilde meiner vorhergehenden Inkarnation. – Dieses Bild der vorhergehenden Inkarnation wird sich mit einer großen Bestimmtheit schon ergeben, wenn man Ernst macht mit denjenigen Dingen, die jetzt einmal etwas genauer charakterisiert worden sind. Man wird nämlich tatsächlich merken, daß man an der ganzen Art und Weise, wie sich einem die

Vorstellungen, die man so gewonnen hat, zusammenfügen, empfinden wird: Dieses Bild ist mir eigentlich ziemlich nahe; es ist gar nicht weit von mir. Oder man wird fühlen: Es ist ein Bild weit, weit weg von mir. Wenn man nämlich durch die Ausarbeitung der Vorstellungen, die heute geschildert worden sind, ein solches Bild seiner vorhergehenden Inkarnation sich vor die Seele gemalt hat, dann wird man in der Regel abschätzen können, wie stark verblaßt dieses Bild ist. Man wird das Gefühl haben wie aus einer Empfindung heraus: Du stehst hier; dein Vater, dein Großvater, dein Urgroßvater können nicht das Bild sein, das da vor dir steht. – Wenn man aber das Bild auf sich wirken läßt, dann bekommt man in der Tat durch Gefühl und Empfindung die Meinung: So und so viele Personen stehen zwischen dir und diesem Bilde! – Nehmen wir einmal an, man bekommt dieses Gefühl – und ein solches stellt sich heraus –, zwischen einem selbst und diesem Bilde stünden zwölf Personen, und ein anderer bekäme das Gefühl, zwischen ihm selbst und dem Bilde stünden sieben Personen. Ein solches Gefühl aber bekommt man, und dieses Gefühl ist außerordentlich wichtig. Denn wenn zum Beispiel zwölf Personen zwischen einem selbst und diesem Bilde stehen, so braucht man nur durch drei zu dividieren und würde dann vier herausbekommen. Das sind dann in der Regel die Jahrhunderte, die einen von der vorhergehenden Inkarnation trennen. Also ein Mensch, der das Gefühl haben würde, daß er von dem Bilde, das ich seiner Entstehung nach geschildert habe, um zwölf Menschen entfernt ist, daß es um zwölf Personen über ihm ist, er müßte sich sagen: Meine vorhergehende Inkarnation fällt vier Jahrhunderte vor die jetzige. – Das ist nur als ein Beispiel angeführt; es wird in den wenigsten Fällen so sein, aber man kommt dadurch zu einer Schätzung. Die meisten werden finden, daß sie auf diese Weise richtig abschätzen können, wann sie vorher dagewesen sind. Nur sind die Voraussetzungen dazu natürlich etwas schwierig.

Damit haben wir eigentlich Dinge berührt, welche dem Gegenwartsbewußtsein ja so ferne wie möglich liegen. Und es ist ganz und gar nicht zu bezweifeln, daß, wenn irgend jemand diese Dinge Leuten erzählte, die dafür unvorbereitet sind, sie dann finden werden, daß das ja wirklich unverantwortliche Phantastereien sind. Nun ist es schon einmal das Schicksal der anthroposophischen Weltanschauung, daß sie von allen bisherigen Weltanschauungen am allerallermeisten in einer gewissen Weise sich entgegenstellen muß dem, was das Hergebrachte ist. Denn das Hergebrachte ist im weitesten Umfange, wie es einem entgegentritt, der krasseste, der ödeste Materialismus. Und gerade da, wo uns gewisse Weltanschauungen so entgegentreten, als ob sie am allerfestesten auf dem Boden wissenschaftlicher Weltanschauung ständen, da sind sie tatsächlich so, daß sie am ödesten aus einer gewissen materialistischen Grundanschauung herauswachsen. Da nun die Anthroposophie dazu verurteilt ist, in einer gewissen Weise selber für die große Welt der Weltanschauungen das zu sein, was heute verlangt worden ist für den Menschen, der eine Vorstellung bekommen soll von seiner vorhergehenden Inkarnation, so kann es begreiflich erscheinen, daß es dem gegenwärtigen Menschen sehr ferne liegen muß, anthroposophische Anschauungen ernst zu nehmen. Denn die Menschen werden ebenso abgeneigt sein, zu wünschen und zu wollen, was sie ihr Leben lang nicht gewünscht und gewollt haben, wie ihren Denkgewohnheiten ferne liegen die spirituellen Wahrheiten.

Nun könnte man die Frage aufwerfen: Warum tritt denn gerade jetzt die spirituelle Wahrheit unter die Menschen? Warum läßt sie nicht den Menschen Zeit, sich zu entwickeln, bis sie reifer sind?

Das rührt davon her, daß auch wieder kaum ein größerer Unterschied gedacht werden kann zwischen zwei aufeinanderfolgenden Menschheitsepochen, als er sein wird zwischen der Epoche, in der die gegenwärtige Menschheit lebt, und derjenigen, in welche die Menschheit hineinwachsen wird, wenn die jetzt lebenden Menschen wiedergeboren sein werden in der nächsten Inkarnation. Denn es hängt nicht von den Menschen ab, wie sich gewisse geistige Fähigkeiten herausbilden; das hängt ab von dem ganzen Sinn und der ganzen Bedeutung und dem ganzen Wesen der Erdentwickelung. Die Menschen sind jetzt nämlich am weitesten davon entfernt, an Reinkarnation und Karma zu glauben. Nicht die Anthroposophen – aber Anthroposophen sind ja nur wenige in der Welt –, nicht die, welche noch alten Religionsformen angehören, sondern die, welche heute die Träger des äußeren Kulturlebens sind, die sind heute am allermeisten davon entfernt, an Reinkarnation und Karma zu glauben. Nun wird merkwürdigerweise gerade diese Tatsache, daß die Menschen heute am allerwenigsten geneigt sind, an Reinkarnation und Karma zu glauben, verbunden mit dem, was die Menschen heute treiben und lernen, nämlich treiben und lernen, insofern dies in bezug auf intellektuelle Fähigkeiten eine Bedeutung hat – diese Tatsachen werden bewirken, daß bei diesen Menschen der Gegenwart in der nächsten Inkarnation das Gegenteil eintreten wird. Diese Menschen der Gegenwart werden in der nächsten Inkarnation – gleichgültig, ob sie spirituell oder materialistisch streben – starke Anlage haben, ihre vorhergehende Inkarnation zu empfinden. Ganz gleichgültig, was die Menschen der Gegenwart treiben: dadurch, daß sie Menschen der Jetztzeit sind, werden sie wiedergeboren werden mit einer starken Anlage und einer starken Sehnsucht, von der vorhergehenden Inkarnation etwas zu erfahren, etwas zu wissen. Wir stehen gerade an einer solchen Zeitenwende, welche die Menschen führt von einer solchen Inkarnation, in der sie am allerwenigsten wissen wollen von Reinkarnation und Karma, zu einer Inkarnation, in der in ihnen die lebendigste Empfindung sein wird: Das ganze Leben, das ich jetzt führe, steht für mich in der Luft, wenn ich nicht irgend etwas wissen kann über meine vorhergehende Inkarnation. – Und die Menschen, welche jetzt am allermeisten schimpfen über Reinkarnation und Karma, sie werden sich geradezu winden unter der Qual des nächsten Lebens, weil sie sich nicht erklären können, wie das Leben so hat werden können. Nicht um sich eine gewisse Rücksehnsucht nach dem vorhergehenden Leben anzueignen, wird jetzt Anthroposophie getrieben von den Menschen, sondern um Verständnis zu haben für das, was für die gesamte Menschheit einmal auftreten wird, wenn die Menschen, die heute leben, wieder da sein werden. Die Menschen, die heute Anthroposophen sind, werden die Anlage mit den anderen teilen, daß sie sich wieder erinnern wollen; aber sie werden Verständnis haben und dadurch innere Harmonie in bezug auf ihr Seelenleben. Die, welche heute die Anthroposophie zurückweisen, sie werden davon wissen wollen, und sie werden so etwas empfinden wie eine innere Qual nach etwas, was eben ihre vorhergehende Inkarnation wäre im nächsten Leben; sie werden aber nichts verstehen von dem, was sie am allermeisten drückt und quält; sie werden ratlos sein, werden innerlich disharmonisch sein. Und es wird ihnen gesagt werden müssen in der nächsten Inkarnation: Du lernst erst erkennen, was dir Qualen verursacht, wenn du dir vorstellst, daß du eigentlich im Ernste diese Qual gewollt haben könntest. – Natürlich werden alle Menschen diese Qual nicht wollen. Aber die Menschen, die heute Materialisten sind, werden dann in der nächsten Inkarnation anfangen, ihre innere Zerknirschtheit, ihre innere Öde und Qual zu begreifen, wenn sie befolgen werden die Anforderungen, den Rat derer, die dann werden wissen können und ihnen sagen: Stellt euch einmal vor, dieses Leben, wie ihr es fliehen möchtet, das hättet ihr gewollt. – Wenn sie anfangen werden, diesen Rat zu befolgen, nachzudenken darüber: Wodurch kann ich dieses Leben gewollt haben? – dann werden sie sich sagen: Ach ja, da habe ich vielleicht gelebt in einer Inkarnation, in welcher ich gesagt habe: Was, ein anderes, nächstes Leben oder Inkarnation soll auf dieses Leben folgen? Unsinn! Dummheit! Wie kann man so etwas glauben! Dieses Leben erfüllt sich in sich selber, ist in sich abgeschlossen; das sendet keine Kräfte in ein späteres hinüber! Ja, weil ich dazumal die Empfindung gehabt habe, ein folgendes Leben ist nichtig, ist unsinnig, dadurch ist es nichtig und unsinnig geworden! Ich habe gerade *den* Gedanken in mich hineingepflanzt als Kraft, der mir jetzt das Leben so öde und leer macht!

Das wird ein richtiger Gedanke sein. So wird sich sozusagen karmisch der Materialismus ausleben. Sinnvoll wird die nächste Inkarnation bei denjenigen Menschen sein, welche sich die Überzeugung verschafft haben, daß ihr Leben, wie es jetzt ist, eben nicht nur in sich erfüllt ist, sondern Ursachen enthält für das nächste. Unsinnig, leer und öde wird das Leben derer sein, die durch den Gedanken der Unsinnigkeit der Reinkarnation sich selber das Leben öde und nichtig gemacht haben.

So sehen wir, daß die Gedanken, die wir hegen, nicht etwa in einer gesteigerten Form in das nächste Leben hinübergehen, sondern umgewandelt als Kräfte im nächsten Leben auftreten. In der geistigen Welt haben eben Gedanken, so wie sie jetzt sind im Leben zwischen

Geburt und Tod, keine Bedeutung, sondern sie haben nur eine Bedeutung in einer umgewandelten Form. Wenn jemand zum Beispiel einen großen Gedanken hat, so kann dieser Gedanke noch so groß sein: wenn der Mensch durch die Pforte des Todes geht, ist der Gedanke als Gedanke fort. Aber der Enthusiasmus und die Empfindung und das Gefühl, das aufgelebt hat unter dem Einfluß des Gedankens, das geht durch die Pforte des Todes. Von der Anthroposophie selber nimmt der Mensch nicht die Gedanken mit, wohl aber das, was er an den Gedanken erlebt hat – bis in die Einzelheiten, nicht nur die allgemeine Grundempfindung. Das ist das, was wir insbesondere festhalten wollen: daß Gedanken als solche für den physischen Plan das eigentlich Bedeutungsvolle sind, und daß wir, wenn wir von der Wirkung des Gedankens für die höheren Welten sprechen, zugleich sprechen müssen von einer Umwandlung dieser Gedanken nach den höheren Welten hinauf. Gedanken, welche also eine Wiederverkörperung leugnen, wandeln sich um in dem wiederverkörperten Leben in innere Nichtigkeit, in innere Leerheit des Lebens, und innere Nichtigkeit, innere Leerheit des Lebens wird als Qual, als Disharmonie empfunden. – Sie können sogar durch einen Vergleich eine Vorstellung bekommen, wie eine solche innere Nichtigkeit und Leerheit verlaufen muß, wenn Sie sich denken, daß Sie etwas recht gerne haben und es immer dann gern sehen, wenn Sie an einen bestimmten Ort kommen. Sie haben sich zum Beispiel gewöhnt, eine bestimmte Blume in einem Garten an einem bestimmten Ort blühen zu sehen. Wenn dann die Blume von ruchloser Hand abgeschnitten wird, werden Sie Schmerz empfinden. Wenn Sie etwas, was Sie lieben, nicht haben, wenn Ihnen das fehlt, dann empfinden Sie Schmerz. So ist es mit der Gesamtorganisation des Menschen. Wodurch empfindet der Mensch Schmerz? Wenn der Ätherleib und der Astralleib eines Organs immer an eine bestimmte Stelle des physischen Leibes eingeschaltet sind, und wenn dieses Organ einen Schnitt bekommt und verletzt wird, so können der Ätherleib und der Astralleib nicht gut eingreifen. Es ist das gerade so, wie wenn Ihnen durch den Schnitt von ruchloser Hand die Rose im Garten an der bestimmten Stelle abgeschnitten wird. Der Ätherleib und der Astralleib finden dann nicht, wenn ein

Organ verletzt wird, was sie suchen; das wird dann als leiblicher Schmerz empfunden. So werden also die Gedanken, die sich der Mensch gemacht hat als fortwirkend in die Zukunft, ihm in der Zukunft entgegentreten. Dagegen werden sie ihm fehlen, und er wird nichts finden, wo er sie suchen wird an einem bestimmten Ort, wenn er nichts hinübersendet von Glauben und Erkenntniskräften in die nächste Inkarnation, und dann wird er dieses Fehlen von etwas an einem Orte als Schmerz und Qual empfinden.

Dies sind Angaben, die uns von einer gewissen Seite den karmischen Verlauf gewisser Dinge klarlegen werden. Sie mußten gemacht werden, weil wir noch tiefer hineinsehen wollen in die Art und Weise, wie der Mensch noch weiter Veranstaltungen machen kann, um seinen eigentlichen geistig-seelischen Wesenskern zu erkennen.

ZWEITER VORTRAG

Berlin, 30. Januar 1912

Die Betrachtungen, die wir das letzte Mal hier angestellt haben, sie werden so, wie sie damals vorgebracht worden sind, noch für manchen etwas Unverständliches, vielleicht sogar Bedenkliches haben. Aber wenn wir noch auf dieses oder jenes heute eingehen werden, so werden uns die Dinge schon nähertreten können.

Was war es denn eigentlich, was wir uns an dem letzten Zweigabend vor die Seele geführt haben? Es war gewissermaßen etwas Ähnliches für die Gesamtwesenheit des Menschen, wie dasjenige ist, was ein Mensch vollbringt, wenn er zum Beispiel in dieser oder jener Lebenslage ist, in der er sich auf frühere Erfahrungen und Erlebnisse besinnen muß, sich an frühere Erlebnisse oder Erfahrungen erinnern soll. Erinnerung, Gedächtnis sind ja menschliche Seelenerlebnisse, die für das gewöhnliche Bewußtsein im Grunde zunächst nur gekannt werden für das Seelenleben, welches da verläuft zwischen Geburt und Tod, oder genauer gesagt – was wir ja öfter ausgesprochen haben – für einen Zeitraum, der eigentlich erst in den späteren Kindheitsjahren beginnt, bis zum Tode hin. Denn wir wissen, daß wir uns für das gewöhnliche Bewußtsein nur erinnern bis zu einem bestimmten Zeitpunkt unserer Kindheit, und daß wir über dasjenige, was vorangegangen ist, allein durch Eltern oder ältere Verwandte und Bekannte etwas erfahren können. Wenn wir den eben in dieser Art charakterisierten Zeitraum des Menschenlebens ins Auge fassen, so sprechen wir für diesen Zeitraum in bezug auf das Seelenleben von Erinnerung. Es ist hier natürlich nicht möglich, in feinerer Weise einzugehen auf die Bedeutungen der Worte «Erinnerungsvermögen» oder «Gedächtnis»; das ist auch für unsere Zwecke nicht notwendig. Wir müssen uns nur zunächst einmal klar vor die Seele führen, daß zu alledem, was mit diesen Worten bezeichnet wird, eben das Sich-Besinnen auf früher gemachte Erfahrungen oder Erlebnisse gehört. Was wir nun das letzte Mal betrachteten, war gewissermaßen etwas Ähnliches wie dieses Sich-Besinnen; nur sollte diese Ähnlichkeit nunmehr nicht bloß so gelten wie jenes Erinnerungsvermögen, das in unser gewöhnliches Leben hereinfällt, sondern es sollte uns gleichsam als ein höheres, erweitertes Erinnerungsvermögen hinüberführen über die gegenwärtige Inkarnation zu einer Art von Gewißheit, daß wir vor diesem Erdenleben in anderen Erdenleben dagewesen sind. Und wie wir das letzte Mal erwähnt haben, sollte es in bezug auf diesen höheren Prozeß so sein, wie das Sich-Besinnen auf irgend etwas Erlebtes im gewöhnlichen Leben. Wenn wir uns auf der einen Seite einen Menschen vorstellen, der irgend etwas braucht, was er gelernt hat in einer früheren Zeit seines jetzigen Lebens, und der dann seine Seele dazu stimmt, heraufzuholen aus ihren Tiefen, was er da gelernt hat, um es mit dem gegenwärtigen Blick zu verfolgen, wenn wir uns lebhaft diesen Prozeß der Besinnung vormalen, so haben wir in ihm eine solche Verrichtung, die zu unserem gewöhnlichen Erinnerungsvermögen gehört. Was das letzte Mal erwähnt worden ist, sind Verrichtungen der Seele. Aber diese Verrichtungen der Seele sollten dazu führen, daß etwas Ähnliches in unserem Inneren auftritt in bezug auf frühere Erdenleben, wie das, was in bezug auf dieses Erdenleben eintritt in der Seele, wenn wir heraufquellen fühlen in der Erinnerung irgend etwas, was wir früher erlebt haben. Daher dürfen Sie auch nicht das, was das letzte Mal gesagt worden ist, so betrachten, als ob das schon alles wäre, was uns in frühere Erdenleben hineinführen könnte, oder als ob es vor allen Dingen dasjenige wäre, was nun von vornherein eine richtige Vorstellung hervorrufen könnte von der Art, wie wir in früheren Erdenleben waren. Es ist nur eine Hilfe, so wie das Sich-Besinnen auch eine Hilfe ist, um heraufzuholen, was in die Untergründe des Seelenlebens hinuntergeschwunden ist. Fassen wir kurz zusammen, was wir über solches Sich-Besinnen in bezug auf frühere Erdenleben ins Auge gefaßt haben. Das kann am besten in folgender Weise geschehen.

Bei einiger Selbsterkenntnis fällt uns in unserem Leben manches auf, wovon wir uns sagen, wir begreifen, daß uns das getroffen hat. Wenn uns irgendein mißliches Ereignis trifft und wir auch nicht ganz einsehen, wieso dieses Ereignis hat kommen müssen, uns aber doch sagen: Du bist eigentlich doch ein recht leichtsinniger Mensch; es ist kein Wunder, daß dir das begegnet ist –, so ist wenigstens etwas wie ein

Anklang da an ein Verständnis dafür, daß uns so etwas getroffen hat. Aber es gibt zahlreiche andere Erlebnisse, die hereintreten in das Leben und von denen wir uns durchaus nicht die Vorstellung bilden können, daß sie zusammenhängen mit unseren Seelenkräften und Fähigkeiten. Wir sprechen dann wohl im gewöhnlichen Leben so, daß wir von Zufälligkeiten reden. Von Zufälligkeiten sprechen wir dann, wenn wir nicht einsehen, wie die Dinge, die uns als Schicksalsschläge treffen, mit unserer inneren Seelenstimmung oder sonstigem zusammenhängen. Auch auf andere Erlebnisse ist aufmerksam gemacht worden. Es sind das diejenigen Seelenerlebnisse, bei denen wir gewissermaßen durch das, was wir unser gewöhnliches Ich nennen, uns herausreißen aus irgendeiner Lebenslage, in die wir aber eigentlich hineingestellt sind. Als Beispiel ist angeführt worden, wenn jemand von seinen Eltern oder ihm nahestehenden Menschen zu irgendeinem Berufe oder irgendeiner Lebenslage bestimmt worden ist, er aber sich so fühlt, daß er mit aller Gewalt da heraus und zu etwas anderem will. Wenn wir im späteren Leben auf so etwas zurückblicken, so sagen wir uns: Wir waren hineinversetzt in eine Lebenslage, aber wir haben uns durch unseren Willensimpuls, durch unsere Sympathie und Antipathie daraus herausgerissen. – Also von solchen gleichsam Umwendungen dessen, in das wir hineingestellt sind, ist gesprochen worden.

Es handelt sich nicht darum, daß wir bei so einer Rückerinnerung alles mögliche ins Auge fassen, sondern nur dasjenige, was uns wirklich im Leben einmal nahegetreten ist. Wenn jemand zum Beispiel niemals in sich den Beruf gefühlt hat, oder keine Veranlassung gehabt hat, Seefahrer zu werden, so kommt natürlich ein solcher Willensimpuls durchaus nicht in Betracht für die Erwägungen, die wir das letzte Mal angestellt haben, sondern nur solche, wo wir wirklich eine Art Schicksalswendung herbeigeführt haben; also Lagen des Lebens, bei denen wir gleichsam eine Umwendung des Lebens herbeigeführt haben. Und auch das fassen Sie nicht so auf, als ob durch dieses Sich-Besinnen auf seine früheren Erlebnisse, nach den entwickelten Grundsätzen, etwa eintreten sollte ein reuiges Zurückkehren; so daß, wenn wir uns im späteren Leben an dergleichen erinnern und zu der Erkenntnis kommen, wir haben uns da herausgerissen, wir nun reuig zurückkehren und uns wieder hineinstellen sollten, in was wir dazumal hineingestellt waren und nicht drinnen geblieben sind. Nicht um praktische Konsequenzen handelt es sich, sondern um das Sich-Besinnen, wo solche Wendungen eingetreten sind. Und dann handelt es sich darum, daß wir in energischster Weise solchen Dingen gegenüber, wovon wir sagen: Es trat zufällig an uns heran –, und: Wir waren hineingestellt, haben uns aber herausgerissen –, folgendes innere Erlebnis herbeiführen.

Wir sagen uns: Ich stelle mir vor, daß das, was ich damals nicht gewollt habe, aus dem ich mich herausgerissen habe, ein solches gewesen wäre, in das ich mich mit dem stärksten Willensimpuls hineingestellt habe. Also das, was einem antipathisch war – und weil es einem antipathisch war, deshalb hat man sich herausgerissen –, das stelle man sich so vor die Seele, daß man sich sagt: Ich will mich probeweise der Vorstellung hingeben, daß ich das mit aller Gewalt gewollt habe, und ich will mir das Bild eines Menschen vor die Seele stellen, der so etwas mit aller Gewalt gewollt hätte. – Und von denjenigen Dingen, von denen wir gesagt haben, sie seien Zufälligkeiten, stellen wir uns auch vor, probeweise, wir hätten sie herbeigeführt. Nehmen wir an, es sei uns nur einmal die Erinnerung nahegetreten, da oder dort wäre uns ein Mauerstein auf die Schulter gefallen und hätte uns recht weh getan. Da wollen wir uns der Vorstellung hingeben: wir wären auf das Dach hinaufgestiegen, hätten dort den Mauerstein gelockert, so daß er im nächsten Augenblick herunterfallen muß, und dann wären wir schnell hinuntergerannt, so daß der Stein dann auf uns herunterfallen mußte. Es handelt sich hierbei nicht darum, daß es groteske Vorstellungen sind, sondern um das, was wir damit erreichen wollen.

Nun versetzen wir uns so recht in die Seele eines Menschen, von dem wir so ein Bild konstruiert haben, als ob der alles das gewollt hätte, was uns nur «zufällig» getroffen hat, und alles das gewünscht hätte, aus dem wir uns herausgerissen haben. Nur erfolgt in der Seele nichts, wenn man eine solche Übung zwei-, drei-, viermal macht, aber sehr viel erfolgt, wenn man das in Anknüpfung an die zahlreichsten Erlebnisse macht, die man finden wird, wenn man sie sucht. Wenn man dies immer wieder und wieder macht und es sich recht lebendig vorstellt, wenn man sich geradezu einen Menschen imaginiert, der das alles gewollt hätte, was wir nicht gewollt haben, dann wird man die Erfahrung machen, daß dieses Menschenbild, das man sich da vor die Seele gerufen hat, uns nicht mehr losläßt, daß es einen ganz merkwürdigen Eindruck auf uns macht, als wenn es tatsächlich etwas wäre, das mit uns etwas zu tun hätte. Wenn man sich auf solche Art etwas Feinheit aneignet in bezug auf eine derartige Selbstprüfung, dann wird man bald dazu kommen, die Ähnlichkeit herauszufinden, welche besteht zwischen einer solchen Stimmung und einem solchen Bilde, das man da konstruiert hat, und einer solchen Vorstellung, die man heraufgerufen hat aus dem Gedächtnis, bei der man spürt, wie sie da kommt als eine Erinnerungsvorstellung. Der Unterschied ist nur der, daß man bei dem gewöhnlichen Gedächtnisvorgang, bei dem man eine solche Vorstellung aus der Seele heraufschafft, es vorzugsweise zu tun hat mit Vorstellungen; dagegen ist das, was in unserer Seele lebendig wird, wenn wir jene Übungen machen, von denen gesprochen worden ist, etwas Gefühlsartiges, etwas, was mehr mit unseren Seelenstimmungen zusammenhängt, weniger mit unseren Vorstellungen. Wir fühlen uns in einer sonderbaren Weise gegenüber diesem Bilde. Auf das Bild kommt es weniger an; aber die Gefühle, die wir haben, machen einen den Erinnerungsvorstellungen ähnlichen Eindruck. Und wenn wir dann so etwas wiederholen und immer wieder und wieder wiederholen, dann ergibt sich erfahrungsgemäß, ganz wie durch eine innere Selbstverständlichkeit die Erkenntnis, könnte man sagen, daß das Bild, das man sich da konstruiert hat, etwas wird, so wie eine Erinnerungsvorstellung auch immer klarer und klarer wird, während sie zuerst, wenn man sich willkürlich besinnt, dunkel heraufgeholt wird aus den Seelentiefen. Also nicht darum handelt es sich, was man da vorstellt, sondern daß sich das verwandelt, was man da vorstellt, daß es etwas anderes wird. Es geht so ein Prozeß vor, wie wenn jemand sich auf einen Namen besinnen will, und er druckst und druckst und hat einen Anklang, und er sagt dann: Nuß – – baumer –, aber er hat dann ein Gefühl, daß das doch nicht stimmt, und dann gesellt sich durch Gründe, die er selbst nicht übersehen kann, der richtige Name, vielleicht: Nußdörfer – hinzu. So wie sich hier die Namen «Nußbaumer» und «Nußdörfer» gegenseitig konstruieren, so wird sich auch das Bild zurechtrücken, wird sich ändern, und demgegenüber tritt das Gefühl auf: Du hast da etwas erlangt, was in dir steckt, und was durch die Art, wie es in dir steckt und sich verhält zu deinem ganzen übrigen Gemütsleben, dir deutlich zeigt: so können diese Dinge nicht in dir gewesen sein in der jetzigen Inkarnation! — Dadurch ergibt sich dann mit einer großen inneren Deutlichkeit, daß so etwas, wie es da in uns steckt, zurückliegt. Wir müssen jetzt nur begreifen, daß wir es hier mit einer Art von Erinnerungsvermögen zu tun haben, das ausgebildet werden kann in der menschlichen Seele; ein Erinnerungsvermögen, das man dem gewöhnlichen Erinnerungsvermögen gegenüber mit einem anderen Namen bezeichnen muß. Das gewöhnliche Erinnerungsvermögen könnte man bezeichnen mit dem Worte «Vorstellungserinnerung»; aber dieses Erinnerungsvermögen, das jetzt in Frage kommt, müßte man eigentlich als eine Art von «Gefühls- und Empfindungserinnerung» bezeichnen. Daß dies eine gewisse Berechtigung hat, kann Ihnen aus folgenden Erwägungen hervorgehen.

Bedenken Sie, daß tatsächlich unser gewöhnliches Gedächtnis, unser gewöhnliches Erinnerungsvermögen eine Art Vorstellungserinnerung gibt. Besinnen Sie sich nur einmal darauf, wie irgendein besonders schmerzliches Ereignis, das Sie vielleicht vor zwanzig Jahren ganz niedergedrückt hat, heraustaucht in der Erinnerung. Vielleicht malt sich Ihnen dieses Ereignis mit allen Einzelheiten bildlich ab, aber den Schmerz, den Sie damals durchgemacht haben, fühlen Sie in der Erinnerung nicht mehr in der entsprechenden Weise; der ist in einer gewissen Weise aus der Erinnerungsvorstellung getilgt. Selbstverständlich gibt es da verschiedene Grade, und es kann ja vorkommen, daß einen Menschen etwas so getroffen hat, daß immer wieder und wieder neuer und heftiger Schmerz auftritt, wenn er sich an das Erlebte erinnert. Aber der allgemeine Satz, der jetzt ausgesprochen ist, gilt dennoch, so daß wir daraus erkennen, daß für die gegenwärtige Inkarnation unser Erinnerungsvermögen ein Vorstellungserinnern ist, während die erlebten Gefühle oder selbst Willensimpulse nicht mit derselben Intensität wieder auftauchen in der Seele, jedenfalls nicht so, daß sie sich mit der ursprünglichen vergleichen ließe. Sie brauchen sich nur ein charakteristisches Beispiel zu vergegenwärtigen und Sie werden sehen, wie groß der Unterschied ist zwischen der Vorstellung, die in der Erinnerung auftaucht, und dem, was übriggeblieben ist im gewöhnlichen Leben in der gegenwärtigen Inkarnation von den durchgemachten Gefühlen und Willensimpulsen. Sie brauchen nur an so etwas zu denken wie an einen Menschen, der seine Memoiren schreibt. Nehmen wir zum Beispiel an, *Bismarck* wäre beim Schreiben seiner Memoiren bis an den Punkt gekommen, wo er den Deutsch-Österreichischen Krieg vom Jahre 1866 vorbereitet hat, und stellen Sie sich vor, was in Bismarcks Seele vorgegangen sein mag an jenem unendlich kritischen Punkt, wo er gegen eine Welt von Vorurteilen und gegen eine Welt von Willensimpulsen die Ereignisse gelenkt und geleitet hat. Und nun stellen Sie sich nicht mehr vor, wie das alles damals in Bismarcks Seele gelebt hat, sondern daß alles, was er dazumal unmittelbar unter dem Eindruck der Ereignisse erlebt hat, hinuntergesunken ist in die Tiefen der Seele, und denken Sie an die Verblaßtheit, die eingetreten sein muß gegenüber den Gefühlen und Willensimpulsen, die vorhanden waren, als er die Sache ausführte, im Vergleich zu der Zeit, als er seine Memoiren niedergeschrieben hat. Kein Mensch wird sich darüber unklar sein, welcher Unterschied besteht zwischen dem Vorstellungsmäßigen der Sache und demjenigen, was den Gefühlen und Willensimpulsen angehört.

Wer nun schon ein wenig an Anthroposophisches herangekommen ist, der wird auch begreifen, wenn gesagt wird, was hier von anderen Gesichtspunkten aus schon öfter gesagt worden ist: daß unser Vorstellen, also unser gedächtnismäßiges Vorstellen, dasjenige in unserem Seelenleben ist, was, wenn es angeregt ist von außen durch die äußere Welt, in der wir hier im physischen Leibe leben, eigentlich auch nur seine Bedeutung hat für diese einzelne Inkarnation. Wir haben immer aus den anthroposophischen Grundsätzen heraus die große Wahrheit angeführt, daß wir von allen Vorstellungen, von allen Begriffen, die wir uns aneignen, indem wir dieses oder jenes sinnlich wahrnehmen, dieses oder jenes im Leben zu fürchten oder zu hoffen haben – das heißt also jetzt nicht mit Bezug auf die Gemütsimpulse, sondern auf die Vorstellungen –, daß dies alles, was wir im Vorstellungsleben haben, sehr bald verschwunden ist, wenn wir durch die Pforte des Todes gegangen sind. Denn die Vorstellungen gehören zu dem, was verfließt im physischen Leben, gehören zu dem, was am wenigsten bleibt. Aber es kann jemand leicht begreifen, der überhaupt schon von irgendeiner Seite her eingegangen ist auf die Gesetze von Reinkarnation und Karma – ich habe es auch hier schon erwähnt –, daß unsere Vorstellungen, insoweit wir sie uns aneignen im Leben, das im Verhältnis zur Außenwelt oder zu den Dingen des physischen Planes verfließt, in der Sprache zum Ausdruck kommen, und daß wir uns daher das Sprechen verbunden denken können in einer gewissen Weise mit dem Vorstellungsleben. Nun weiß jeder, daß er das Sprechen irgendeiner Sprache lernen muß in der einzelnen Inkarnation. Denn während es ganz klar ist, daß eine ganze Anzahl von Gymnasiasten der Gegenwart inkarniert war im alten Griechenland, wird keinem das Griechischlernen dadurch leichter gemacht, daß er sich erinnern kann, wie er das Griechisch in seiner früheren Inkarnation gesprochen hat. Die Sprache ist durchaus ein Ausdruck des Vorstellungslebens, und das Schicksal der Sprache ist ein ähnliches wie das Schicksal des Vorstellungslebens; so daß die Vorstellungen, wie sie in uns leben mit Bezug auf die physische Welt und selbst die Vorstellungen, die wir gewinnen müssen über die höheren Welten, in einer gewissen Weise immer gefärbt sind von den Eindrücken der physischen Welt. Nur wenn wir hindurchsehen können durch diese Einkleidung, sehen wir, was die Vorstellungen mitteilen können über die höheren Welten. Aber, was wir hier in der physischen Welt an unmittelbaren Vorstellungen gewinnen können, das ist auch an das Leben zwischen Geburt und Tod in einer gewissen Weise gebunden. Nach dem Tode bilden wir uns nämlich nicht Vorstellungen in der Art, wie wir sie uns hier bilden, sondern da *sehen* wir die Vorstellungen; da sind sie unsere Wahrnehmungen, da sind sie so vorhanden, wie in der physischen Welt Farben oder Töne vorhanden sind. Während in der physischen Welt das, was sich der Mensch durch die Vorstellungen vergegenwärtigt, eigentlich nur mit dem physischen Material ausgedrückt mitgenommen wird, was leicht übersehen werden kann, haben wir im entkörperten Zustande Vorstellungen so vor uns, wie wir Farben oder Töne hier vor uns haben*. Rot oder Blau kann der Mensch allerdings nicht sehen, wie er sie hier mit den physischen Augen

---

* Siehe Hinweis auf S. 168

sieht; aber, was er hier nicht sieht, worüber er sich hier Vorstellungen bildet, das ist dann für ihn so da, wie Rot oder Grün oder irgendein Ton hier. Während in der physischen Welt das, was wir rein vorstellungsmäßig – oder besser gesagt begriffsmäßig im Sinne der «Philosophie der Freiheit» – kennenlernen, nur durch den Schleier des Vorstellungslebens gesehen werden kann, liegt es für die entkörperte Seele so da, wie die physische Welt für das gewöhnliche Bewußtsein.

In der physischen Welt gibt es Menschen, welche das, was der sinnliche Eindruck gibt, eigentlich für alles halten. Und was man sich nur durch einen Begriff klarmachen kann, wie zum Beispiel die Art und Weise, wie alles, was die Sinne geben können, umfaßt wird, sagen wir vom Begriff «Lamm», oder wie es umfaßt wird vom Begriff «Wolf», dasjenige also, was aufdröselt das Materielle, das kann von denen, die nur die sinnlichen Eindrücke gelten lassen wollen, sogar geleugnet werden. Wir können sagen: Der Mensch kann sich in seinen Vorstellungen ein Bild machen über alles, was er am Lamm sieht, und kann sich ebenfalls ein Bild machen über alles, was er am Wolf sieht. Nun versucht eine gewöhnliche Anschauung dem Menschen zu suggerieren, daß das, was da begriffsmäßig gebildet werden kann, nur als «bloßer Begriff» anzuschlagen ist. Aber wenn wir zum Beispiel einen Wolf einsperren würden und ihn längere Zeit hindurch mit lauter Lämmern fütterten, so daß, wenn er früher etwas anderes gefressen hat, dies als Materie jetzt draußen ist, und er angefüllt ist mit lauter Lamm-Materie, so wird doch kein Mensch sich dem Glauben hingeben können, daß der Wolf dadurch ein Lamm geworden sei. Daher werden wir sagen müssen: Da ist es handgreiflich, daß das, was aufdröselt den Sinneseindruck, der Begriff, ein Wirkliches ist. Doch es wird nicht geleugnet: das, was den Begriff bildet, das stirbt. Aber, was im Wolf lebt, was im Lamm lebt, was da drinnen ist, was nicht gesehen werden kann mit physischen Augen, das wird gesehen, wahrgenommen im Leben zwischen Tod und neuer Geburt.

Wenn also gesagt wird, daß die Vorstellungen gebunden sind an den physischen Leib, so darf niemand daraus den Satz ableiten, daß der Mensch ohne Vorstellungen oder, besser gesagt, ohne den Inhalt der Vorstellungen wäre im Leben zwischen dem Tode und einer neuen Geburt. Nur das, was die Vorstellungen ausarbeitet, das verschwindet. Was wir als unser Vorstellungsleben haben, das hat also, wie wir es hier in der physischen Welt erleben, auch nur eine Bedeutung für das Leben in dieser Inkarnation. Und ich habe auch schon angeführt, daß in Anknüpfung an das Bewußtsein, daß dieses für die sinnliche Welt in einer Inkarnation geltende Vorstellungsleben nur für diese gilt, *Friedrich Hebbel* einmal einen netten Plan zu einem Drama in seinem Tagebuch entworfen hat. Er hatte die Idee, daß der wiederverkörperte Plato in einer Gymnasialklasse wäre und auf den Lehrer bestimmt den schlechtesten Eindruck machen würde und am meisten schlechte Zensuren bekommen könnte, weil er den Plato gar nicht versteht! Das ist auch ein Hinweis darauf, wie das Gedankengebäude des Plato, das gedankenmäßig in ihm gelebt hat, eben nicht in dieser Form hinüberlebt in die nächste Inkarnation.

Um über diese Dinge vernünftige Gedanken zu bekommen, muß man das Seelenleben des Menschen von einem gewissen Gesichtspunkt aus betrachten. Da muß man sich fragen: Was tragen wir für einen Inhalt in unserem Seelenleben mit uns herum?

Das erste sind unsere Vorstellungen. Daß diese Vorstellungen, zusammengedrängt mit Gefühlen, zu Willensimpulsen führen können, das hindert nicht, daß wir von einem besonderen Vorstellungsleben in unserer Seele sprechen können. Denn wenn es auch Menschen gibt, die sich kaum halten können, möchte man sagen, bei einer reinen, bloßen Vorstellung, die, wenn sie sich etwas vorstellen, mächtig in Sympathie oder Antipathie aufflammen, also gleich zu anderen Seelenimpulsen übergehen, so hindert das doch nicht, daß das Vorstellungsleben abgetrennt werden kann von anderen Seeleninhalten.

Das zweite, was wir in unserem Seelenleben herumtragen, sind die Gefühlserlebnisse. Diese treten ja in einer recht vielgestaltigen Weise in uns auf. Da ist der allbekannte Gegensatz im Gefühlsleben, den man bezeichnen kann mit Sympathie und Antipathie, die wir den Dingen entgegenbringen, oder wenn man es deutlicher bezeichnen will: Liebe und Haß. Dann sind da die Gefühle, die man bezeichnen kann als die, welche eine gewisse Erregung bewirken, und wieder die, welche eine gewisse Spannung und Entspannung bewirken. Die lassen sich nicht zusammenwerfen mit den Gefühlen der Sympathie und der Antipathie. Denn ein Seelenimpuls, den man eine Spannung, eine Erregung und eine Entspannung nennen kann, ist etwas anderes als das, was sich bloß in Sympathie oder Antipathie auslebt. Aber man müßte viel reden, wenn man die verschiedenen Gattungen der Gefühlsinhalte charakterisieren wollte. Es gehören auch dazu die, welche man bezeichnen kann als die Gefühle für das Schöne und für das Häßliche, die als ein ganz besonderer Seeleninhalt sich ausnehmen, die sich nicht vergleichen lassen mit den bloßen Sympathie- und Antipathiegefühlen, wenigstens sich nicht mit ihnen zusammenwerfen lassen. Dann auch könnten wir die Gefühle, die wir haben für Gut und Böse, als eine besondere Gattung bezeichnen. Es ist heute nicht die Zeit, um auszuführen, wie das innere Erlebnis, das wir an einer guten oder einer bösen Handlung haben, etwas ganz anderes ist als das Gefühl der Sympathie oder Antipathie für eine gute oder böse Handlung, daß wir die gute Handlung lieben, die böse hassen. So treten uns die Gefühle in der mannigfaltigsten Gestalt entgegen, und wir können sie unterscheiden von den Vorstellungen.

Eine dritte Art von Seelenerlebnissen sind die Willensimpulse, das Willensleben. Das darf wieder nicht zusammengeworfen werden mit dem, was wir Gefühlserlebnisse nennen können, was innerhalb unseres Seelenlebens beschlossen bleiben muß oder kann durch die Art, wie wir es erleben. Zu einem Willensimpuls gehört, daß sich in der Seele ausdrückt: Du sollst dies tun, du sollst jenes nicht tun. – Denn man sollte unterscheiden lernen zwischen dem bloßen Gefühl, das man hat von dem, was einem an sich selber oder an einem anderen als gut oder böse erscheint, und dem, was mehr als dieses Gefühl in der Seele auftritt, wenn wir gedrängt werden, das Gute zu tun, das Böse zu lassen. Die Beurteilung kann beim Gefühl stehenbleiben; aber etwas anderes sind die Willensimpulse. Und obwohl Übergänge sind zwischen dem Gefühlsleben und den Willensimpulsen, sollte man schon aus Gründen der gewöhnlichen Lebensbeobachtung diese nicht ohne weiteres zusammenwerfen. Im menschlichen Leben sind überall Übergänge. Wie es Menschen gibt, die zu gar keiner reinen Vorstellung kommen, sondern immer gleich zum Ausdruck bringen, was sie lieben oder hassen, die immer hin- und hergeworfen werden, weil sie ihre Gefühle nicht absondern können von ihren Vorstellungen, so gibt es auch andere, die, wenn sie etwas sehen, gar nicht davon ablassen können, zu etwas überzugehen, was einem Willensimpuls entspricht, zu einer Handlung, auch wenn diese Handlung gar nicht berechtigt ist. Das führt wieder zu nichts Gutem; das tritt dann als Stehlsucht, als Kleptomanie und so weiter auf. Da ist kein geordnetes Verhältnis zwischen den Gefühlen und den Willensimpulsen. Aber in Wahrheit sind diese Dinge in der strengsten Weise zu unterscheiden. So leben wir in unserem Seelenleben innerhalb der Vorstellungen, innerhalb der Gefühlserlebnisse und innerhalb der Willensimpulse. Wir haben solche Betrachtungen schon öfter angestellt; man kann ohne sie, wenn man den gesamten Menschen ins Auge fassen will, nicht auskommen.

Nun haben wir versucht, einiges anzuführen von dem, was uns nahelegen kann, daß das Vorstellungsleben etwas ist, was gebunden ist an die einmalige Inkarnation zwischen Geburt und Tod. Wir sehen ja auch, wie wir in das Leben hereintreten und uns das Vorstellungsleben aneignen. So ist es nicht mit dem Gefühlsleben, auch nicht mit dem Willensleben. Wer behaupten wollte, es wäre so, von dem könnte man denken, er würde nie vernünftig die Entwickelung eines Kindes betrachtet haben. Man betrachte nur ein Kind, wenn es noch ganz dumm ist in bezug auf das Vorstellungsleben, wie es sich gar nicht in Verbindung setzen kann mit der Umwelt mit seinen Vorstellungen, wie es dagegen ausgesprochene Sympathien und Antipathien hat, wie es dann wieder an- und abregende Willensimpulse hat. Und die Bestimmtheit, mit der die Willensimpulse auftreten, verführte sogar einen Philosophen, Schopenhauer, zu dem Glauben, daß der Charakter eines Menschen überhaupt so auftritt, daß er gar nicht geändert werden kann im Leben. Es ist das nicht richtig; er kann geändert werden. Aber es ist so, wenn wir hereintreten in das physische Leben, daß wir sagen müssen: Es verhält sich mit den Gefühlen und Willensimpulsen keineswegs so wie mit den Vorstellungen, sondern wir treten mit einem ganz bestimmten Charakter unserer Gefühlserlebnisse und Willensimpulse in die Inkarnation herein. Bei einer richtigen Betrachtung könnten wir schon ahnen, daß wir in den Gefühlen und in den Willensimpulsen etwas haben, was wir uns aus früheren Inkarnationen mitbringen. Aber fassen Sie das zusammen in ein gefühlsmäßiges Gedächtnis im Gegensatz zu dem Vorstellungsgedächtnis in dem einen Leben. Man kann im Praktischen nicht auskommen, wenn man nur eine Vorstellungserinnerung gelten läßt. Alles, was wir im Vorstellungsleben entwickeln, kann uns nicht zu irgend etwas führen, was einen solchen Eindruck hervorrufen könnte, der, wenn wir ihn richtig verstehen, uns sagt: Da hast du etwas in dir, was durch die Geburt mit dir in diese Inkarnation hereingetreten ist. Da müssen wir über das Vorstellungsleben hinausgehen, da muß das Besinnen etwas anderes werden. Und da haben wir angeführt, was jetzt das Besinnen wird. Wie besinnen wir uns? Wir besinnen uns so, daß wir uns nicht bloß vorstellen: Das war zufällig in unserem Leben, das haben wir getroffen, da waren wir in einer Lebenslage, die haben wir verlassen und so weiter. – Wir dürfen nicht bei den Vorstellungen bleiben, sondern wir müssen sie lebendig, regsam machen, wie wenn das Bild einer Persönlichkeit vor uns stünde, die das gewollt hat, die in unseren Begehrungen, Willensimpulsen, Gefühlserlebnissen und so weiter dies gewollt hat. In das Wollen müssen wir uns hineinleben. Also, es ist ein ganz anderes Sich-Hineinleben als jenes, was als Sich-Hineinleben in das Vorstellungsleben beim Gedächtnis in Frage kommt; es ist ein Sich-Hineinleben in andere Seelenkräfte, wenn der Ausdruck gebraucht werden darf.

Diese Praxis, sozusagen wollend, wünschend, begehrend einen Seeleninhalt zu entwickeln – die in allen okkulten Schulen, in aller okkulten Praxis immer bekannt war und angewendet worden ist –, läßt sich gut mit dem, was wir zu sagen wissen aus der anthroposophischen oder sonstigen Erkenntnis über Vorstellungs-, Gefühls- und Willensleben, rechtfertigen, läßt sich damit begreifen und erklären. Also sagen wir uns klar, daß wir an den besonderen Inhalten des Gefühlslebens, des Willenslebens etwas entwickeln müssen, das gewissermaßen den Erinnerungsvorstellungen ähnlich ist, aber eben nicht bei den bloßen Vorstellungen bleibt, daß wir aber dadurch in die Lage kommen, eine andere Art, nämlich eine solche Art von Erinnerungsvermögen zu entwickeln, die uns allmählich hinausführt über das Leben, das zwischen Geburt und Tod in der einen Inkarnation eingeschlossen ist.

Es muß durchaus betont werden, daß der Weg, der hier gekennzeichnet worden ist, ein absolut guter und sicherer ist – aber ein entsagungsvoller. Leichter ist es, aus irgendwelchen äußeren Gründen sich einzubilden, daß man in der vorhergehenden Inkarnation Marie Antoinette, Maria Magdalena und dergleichen gewesen sei. Aber schwieriger ist es, auf die geschilderte Art und Weise, aus dem in der Seele Vorhandenen, aus wirklich Vorhandenem, zu einem Bilde dessen zu kommen, was man war. Es ist zunächst deshalb recht entsagungsvoll, weil man meistens recht enttäuscht werden kann. Wenn aber jemand nun sagen würde, das kann alles etwas sein, was wir uns vormachen, so muß man erwidern: Aber es kann sich auch jemand in bezug auf seine Erinnerungen etwas vormachen, was nicht stimmt. – Diese Dinge sind alle kein Einwand. Eine Art von Kriterium, um die Einbildung von der Phantastik zu unterscheiden, gibt es bloß im Leben.

In einer süddeutschen Stadt sagte einmal jemand zu mir, es könnte alles, was in meiner «Geheimwissenschaft im Umriß» vorgebracht ist, auf einer bloßen Suggestion beruhen, wie es ja sehr lebendige Suggestionen gibt, die sogar soweit gehen können, daß jemand, wenn er gar keine Limonade trinkt und sich nur die Limonade recht lebhaft vorstellt, schon den Geschmack der Limonade im Munde hat. Wenn also so etwas möglich ist, warum sollte es dann nicht auch möglich sein, so dachte der Betreffende, daß das in der «Geheimwissenschaft» Vorgebrachte auch auf Suggestionen beruhen sollte? Theoretisch läßt sich ein solcher Einwand machen. Aber das Leben bringt die Überlegung: Wenn jemand meint, mit dem Beispiel der Limonade zeigen zu können, wie stark die Suggestion wirken kann, so muß man dazu sagen, der hat nicht verstanden, das Beispiel zu Ende zu denken, denn er sollte einmal probieren, nicht bloß die Limonade sich vorzustellen, sondern sich mit einer bloß vorgestellten Limonade den Durst zu löschen – da wird er sehen, daß es nicht geht. Es handelt sich immer darum, daß wir an das Ende gehen mit den Erlebnissen. Das läßt sich aber nicht theoretisch bestimmen, sondern nur im unmittelbaren Leben selber erfahren. Und mit derselben Notwendigkeit, mit der wir wissen, daß wir etwas, was heraufaucht aus den Erinnerungsvorstellungen des Lebens, erlebt haben, mit derselben Sicherheit tritt auch das auf, daß heraufauchen aus den Untergründen der Seele die Willensimpulse, die wir hervorrufen über das Zufällige, über das Nichtgewollte, und die mit derselben Notwendigkeit auftauchen als ein Bild unseres früheren Erdenlebens wie die Erinnerungsvorstellungen. Dem, der nun sagt, das kann Einbildung sein, dem können wir dafür keine Beweise bringen, wie man theoretisch auch keinen Beweis bringen kann für das, was sich zahlreiche Menschen einbilden, erlebt zu haben und ganz bestimmt nicht erlebt haben, und für das, was sie wirklich erlebt haben. Ebensowenig wie man da einen theoretischen Beweis vorbringen kann, ebensowenig gibt es einen theoretischen Beweis für das andere. Also, man ist dabei in keiner anderen Lage, als man ist in dem Leben innerhalb der einen Inkarnation; man ist genau in derselben Lage.

So haben wir mit diesem gezeigt, wie früheres Erdenleben hereinleuchtet in das gegenwärtige Erdenleben, wie wir wirklich eine Möglichkeit haben, durch sorgfältige Seelenentwickelung uns selber die Überzeugung zu verschaffen, nicht nur die theoretische Überzeugung von der Tatsache der Reinkarnation, sondern die praktische Überzeugung von dem in uns befindlichen, sich reinkarnierenden Seelenwesen, von dem wir wirklich wissen, es ist etwas, was einmal da war.

Aber es gibt dennoch Erlebnisse ganz anderer Art, die hereintreten in unser Leben und von denen wir nicht sagen können, sie treten so in unser Leben herein, daß wir sie wie eine Erinnerung an ein früheres Erdenleben auffassen können. Es gibt tatsächlich solche Erlebnisse, denen gegenüber wir sagen müssen: Wie sie dir da gegenübertreten, so erklären sie sich dir aus deinem früheren Leben nicht! Heute sei nur auf eine Art solcher Erlebnisse hingewiesen. Und auf diese Art von Erlebnissen will ich zunächst hinweisen, indem ich ein typisches Beispiel anführe. Dies, was ich als Beispiel anführe, das kann sich auf hunderterlei Weise, auf tausenderlei Weise vollziehen; aber es ist eben das, was sich da vollzieht, ähnlich dem, was ich als ein typisches Beispiel erzählen will.

Wir nehmen einen Menschen an, der irgendwo in einem Walde geht, und der, weil er in Gedanken gegangen ist, vergißt, daß er auf einem Waldeswege geht, der unmittelbar – man braucht nur einige Schritte zu machen – an einen tiefen Abgrund angrenzt. Ich will die Sache, die sich durchaus abspielen kann, in dieser Form hier vorbringen; das Beispiel ist von mir, weil in entsprechender Weise mir ein ganz ähnlich gearteter Fall bekannt ist, auch anderswo erzählt worden. Dieser Mensch sieht nun nicht, daß dort ein Abgrund ist, weil ihn etwas besonders interessiert. Weil ihn eben sein Problem so stark interessiert, geht er auf den Abgrund los, aber mit einem solchen Schwunge, daß es ihm, wenn er nur zwei, drei Schritte mehr gemacht hätte, unmöglich gewesen wäre, sich zu halten. Er hätte dann im Vorwärtsschreiten hinunterstürzen müssen, und es wäre mit seinem Leben zu Ende gewesen. In dem Augenblick aber, wo er drauflostapsen will, hört er eine Stimme: Bleibe stehen! – Die Stimme macht einen solchen Eindruck auf ihn, daß er wie angenagelt stehen bleibt. Der Betreffende denkt, es muß jemand da sein, der sich seiner angenommen hat. Er hat sich besonnen, daß sein Leben zu Ende gewesen wäre, wenn er nicht auf diese Weise festgehalten worden wäre. Er sieht sich um, und sieht niemanden.

Der materialistische Denker wird nun sagen: Durch irgendwelche Umstände hat sich aus den Tiefen der Seele eine Gehörshalluzination ergeben, und es ist ein glücklicher Zufall gewesen, daß der Betreffende auf diese Weise gerettet worden ist. – Aber es ist auch möglich, auf andere Weise über die Sache zu denken; mindestens müßte man dies zugeben. Ich will es heute nur anführen; denn diese andere Weise läßt sich nur erzählen, nicht beweisen. Man kann sich sagen: Durch Vorgänge der geistigen Welt ist dir in dem Augenblick, als du an einer karmischen Krisis angekommen warst, dein Leben eigentlich geschenkt worden. Wenn alles so weitergegangen wäre, ohne daß jenes Ereignis geschehen wäre, dann wäre dein Leben zu Ende gewesen. So aber ist es jetzt als eine Art neues Leben an das vorhergehende angestückelt worden. Dieses neue Leben ist eine Art Geschenk, und du verdankst jetzt dieses dein Leben den Mächten, die hinter dieser Stimme stehen! – Ein solches Erlebnis könnten viele, viele Menschen der Gegenwart haben, wenn sie nur wirkliche Selbsterkenntnis üben würden. Denn es treten in das Leben geradezu vieler, vieler Menschen der Gegenwart solche Erlebnisse herein. Und es liegt nicht daran, daß die Menschen nicht ein solches Erlebnis gehabt haben, sondern daran, daß die Menschen nicht die nötige Aufmerksamkeit dafür gehabt haben, daß sie darüber hinweggegangen sind; denn es tritt nicht immer mit dieser jetzt geschilderten Deutlichkeit auf, sondern so, daß bei der gewöhnlichen Unaufmerksamkeit die Menschen darüber hinwegsehen.

Ich habe zuweilen geschildert, wie stark die Menschen hinwegsehen über etwas, was in der unmittelbaren Gegenwart der Menschen auftritt. Ein charakteristisches Beispiel dafür, wie die Menschen für das, was rings um sie her vorgeht, unaufmerksam sind, ist folgender Fall. Ich kannte einen Schulinspektor eines Landes, wo das Gesetz eingeführt wurde, daß ältere Lehrer, die gewisse Examina nicht abgelegt hatten, überprüft werden müßten. Nun war dieser Schulinspektor ein außerordentlich humaner Mensch und sagte sich: Die jüngeren Dachse, die eben vom Seminar gekommen sind, kann man ja über alles fragen; aber die älteren Herren zu fragen, die bereits zwanzig, dreißig Jahre im Amte sind, das ist eine Grausamkeit, die kann man nicht so fragen. Ich frage diese daher am besten über das, was in ihren Büchern steht, aus denen sie Jahr für Jahr die Kinder unterrichten. – Und siehe da: die meisten wußten nichts von dem, was sie selbst ihren Schülern vortrugen! Und zwar war das ein Examinator, von dem man sagen konnte: er wußte schon aus den Menschen das herauszuziehen, was sie wußten!

Es sollte das nur ein Beispiel dafür sein, wie die Menschen unaufmerksam sind für das, was in ihrer Umgebung vorgeht, ja sogar für das, wo es sich um ihre eigene Person handelt. Man braucht also nicht erstaunt zu sein, wenn ein ähnliches Beispiel, wie das jetzt charakterisierte, im Leben vieler, vieler Menschen zu finden ist. Nur bei einer sinnigen, wirklichen Selbstbetrachtung findet man ein solches Ereignis, wie es eben beschrieben worden ist. Und wenn man einem solchen Ereignis gegenüber die rechte Lebensfrömmigkeit hat, dann kommt man vielleicht auch zu einem ganz besonderen Gefühl; zu dem Gefühl, daß einem das Leben seit jenem Tage geschenkt ist, und daß man, soweit es seit jenem Tage verläuft, es auch in einer besonderen Weise anzuwenden hat. Das ist ein gutes Gefühl und wirkt ähnlich wie ein Erinnerungsvorgang, wenn jemand sich sagt: Du warst an einer karmischen Krisis, da war dein Leben abgeschlossen! – Wenn er sich hineinvertieft in dieses fromme Gefühl, dann kommt etwas, was zunächst so auftritt, daß er sich sagt: Das ist nicht eine Erinnerungsvorstellung wie die, welche ich im Leben öfter erfahren habe, das ist etwas ganz Besonderes!

Nun werde ich Ihnen im nächsten Vortrag Genaueres sagen können über das, was heute nur angedeutet werden kann. Denn so, wie es jetzt angedeutet worden ist, so prüft ein großer Eingeweihter der neueren Zeit die, welche er für geeignet hält zu seinen Bekennern. Denn die Dinge, die uns hineinstellen sollen in die geistige Welt, gehen auch aus den geistigen Tatsachen, die um uns herum geschehen, oder aus einer richtigen Erkenntnis dieser Tatsachen hervor. Und eine solche Stimme, wie sie bei vielen Menschen auftritt, ist nicht als eine Halluzination zu betrachten; denn durch eine solche Stimme spricht derjenige Führer, den wir als *Christian Rosenkreutz* bezeichnen, zu denen, die er sich aus der übrigen Schar auswählt als die, welche seine Bekenner werden können. So ergeht der Ruf von der Individualität, von der wir noch werden sprechen können als derjenigen, welche in einer besonderen Inkarnation im 13. Jahrhundert gelebt hat, so daß ein Mensch, der so etwas erlebt, daran ein Merkzeichen, ein Erkennungszeichen hat, durch das er sich hineinstellen kann in die geistige Welt. Vielleicht werden nicht viele dazu kommen können, einen solchen Ruf zu beachten. Aber die Anthroposophie wird schon dahin wirken, daß die Menschen, wenn nicht jetzt in dieser Inkarnation, so doch später einen solchen Ruf beachten werden. Für die meisten Menschen, die so etwas erleben, ist es nun heute so, daß dasjenige, was man bezeichnen kann als: Es ist ihnen gegenübergetreten jener Eingeweihte, der sie bestimmt hat zu denen, die zu ihm gehören können –, sich nicht in einer Inkarnation vollzogen hat, sondern in dem Leben zwischen dem Tode und der jetzigen Geburt, so daß dies also ein Hinweis darauf ist, daß etwas geschieht in dem Leben zwischen dem Tode und der nächsten Geburt, und daß wir darin Wichtiges, ja wichtigere Vorgänge haben als im Leben zwischen Geburt und Tod. Es kann ja sein und ist in einzelnen Fällen so, daß gewisse zu Christian Rosenkreutz gehörige Menschen auch schon in einer vorhergehenden Inkarnation dazu bestimmt worden sind. Aber für die meisten ist die Bestimmung, die sich in einem solchen Ereignis abbildet, getroffen worden in dem letzten Leben zwischen Tod und neuer Geburt.

Nun sage ich das nicht, um etwas Sensationelles zu erzählen, nicht einmal um dieses Ereignis zu erzählen, sondern aus einem besonderen Grunde. Und ich möchte dazu noch auf etwas aufmerksam machen, aus einer Erfahrung heraus, die ich innerhalb unseres anthroposophischen Lebens recht häufig gemacht habe: daß Dinge, die man einmal sagt, leicht vergessen oder anders erhalten werden, als man sie sagt. Es soll das vorkommen innerhalb unseres anthroposophischen Lebens. Aus diesem Grunde betone ich manchmal wichtige, wesentliche Dinge ein paarmal, nicht um mich zu wiederholen. Auch heute geschieht das, wenn ich sage, es sind viele Menschen in der Gegenwart, die ein solches Erlebnis, wie es beschrieben worden ist, durchgemacht haben, und daß sie es nicht wissen, liegt nicht daran, daß es nicht da ist, sondern daß man sich nicht daran erinnert, weil man nicht die rechte Aufmerksamkeit darauf verwendet hat. Deshalb soll es ein Trost sein, wenn jemand sich sagen muß: Ich finde nicht so etwas, also gehöre ich nicht zu solchen Auserwählten! – Doch kann Ihnen die Versicherung gegeben werden, daß unzählige Menschen in der Gegenwart sind, die so etwas erlebt haben. Das wollte ich nur vorausschicken, um zum eigentlichen Grunde zu kommen, warum so etwas gesagt wird.

Solche Dinge werden erzählt, um uns immer wieder und wieder darauf aufmerksam zu machen, daß wir in konkreter Weise – nicht durch abstrakte Theorien – eine Beziehung unseres Seelenlebens zu den geistigen Welten finden sollen, und daß die anthroposophische Geisteswissenschaft uns nicht sein soll eine bloße theoretische Weltanschauung, sondern eine innere Kraft unseres Lebens; daß wir nicht bloß wissen sollen, es gibt eine geistige Welt und der Mensch gehört ihr an; daß wir, indem wir durch das Leben gehen, nicht bloß die Dinge betrachten, die auf unser sinnliches Denken wirken, sondern die Zusammenhänge aufmerksam erfassen, die uns zeigen: Du bist hineingestellt in die geistige Welt, auf diese und jene Weise hineingestellt. — Also das konkrete Hineingestelltsein, das für den einzelnen reale Hineingestelltsein, **das** ist es, worauf wir aufmerksam machen. Theoretisch sucht man **auch** draußen so etwas zu begründen, daß die Welt ein Geistiges haben kann, und daß der Mensch nicht materialistisch zu betrachten ist, sondern ein Geistiges in sich haben kann. Davon unterscheidet sich unsere Weltanschauung, indem sie im einzelnen hinstellt: So stehst du im Zusammenhange mit den geistigen Welten! – Immer mehr und mehr werden wir zu solchen Dingen aufsteigen können, die uns zu zeigen vermögen, wie wir die Welt zu betrachten haben, um unsere Zugehörigkeit zu dem Geiste der großen Welt, dem Makrokosmischen, einzusehen.

DRITTER VORTRAG

Berlin, 5. März 1912

Wir haben hier an dieser Stelle jahrelang anthroposophische Wahrheiten betrachtet, anthroposophische Erkenntnisse. Wir haben versucht, uns dem, was wir glauben Anthroposophie nennen zu müssen, von den verschiedensten Richtungen her zu nähern und in uns dasjenige aufzunehmen, was aus den anthroposophischen Erkenntnissen heraus kommen kann. Es wird sich nun empfehlen, einmal gerade im Verlaufe der Betrachtungen, die wir zuletzt hier angestellt haben und noch anstellen werden, die Frage aufzuwerfen, was den Menschen der Gegenwart, den Menschen unserer Zeit die Anthroposophie überhaupt eigentlich geben soll und geben kann? Was sie enthält, von dem wissen wir ja durch unsere Betrachtungen ein gut Stück, und wir können daher auf Grundlage der Bekanntschaft mit einigen anthroposophischen Wahrheiten an die Frage herantreten: Was kann die Anthroposophie den Menschen der Gegenwart geben?

Wenn wir an diese Frage herantreten, müssen wir vor allen Dingen darauf bedacht sein, das anthroposophische Leben, die anthroposophische Bewegung – in unseren Gedanken wenigstens – scharf zu trennen von irgendeiner gesellschaftlichen Einrichtung, von irgend etwas, das man mit dem Namen Anthroposophische Gesellschaft belegen könnte. In der Wirklichkeit wird ja das ganze gegenwärtige Leben selbstverständlich immer wieder und wieder notwendig machen, daß sich diejenigen, die Anthroposophie treiben wollen, in gesellschaftlicher Art vereinigen. Aber wenn diese Vereinigung notwendig ist, so ist sie eben mehr notwendig durch das ganze außerhalb der Anthroposophie stehende gegenwärtige Leben, als etwa durch den Inhalt und durch Gesinnung oder durch sonst irgend etwas innerhalb der Anthroposophie selber. Anthroposophie an sich könnte heute durchaus so verkündet werden, wie irgend etwas anderes gegenwärtig unter den Menschen verkündet wird. Anthroposophie als solche könnte – denkbar wäre das durchaus – so verkündet werden, wie etwa Chemie heute unter den Menschen verkündet wird, und es könnten die Menschen zu den anthroposophischen Wahrheiten herankommen, wie sie an Chemie oder Mathematik herankommen. Was dann für die Seele des einzelnen daraus folgt, wie die Seele des einzelnen die Anthroposophie aufnimmt und zum Impuls des Lebens macht, das könnte dann eben Sache eines jeden einzelnen sein. Eine Anthroposophische Gesellschaft oder irgendeine Vereinigung, um Anthroposophie zu treiben, macht der Umstand, die Tatsache notwendig, daß Anthroposophie als solche etwas ist, was als etwas völlig Neues, als eine völlig neue Erkenntnis in unsere Gegenwart hereintritt und aufgenommen werden soll von dem geistigen Leben, während die Menschen draußen im außeranthroposophischen Leben eigentlich durchaus nicht nur, sagen wir, die allgemeine Seelenverfassung der Gegenwart brauchen, um Anthroposophie auf sich wirken zu lassen, sondern auch zu dieser gewöhnlichen Seelenverfassung, wie sie die Menschen heute haben, eine besondere Vorbereitung des Gemütes, des Herzens brauchen. Und eine solche Vorbereitung des Gemütes und des Herzens kann nur angeeignet werden durch das Zusammenleben in unseren anthroposophischen Zweigen oder anthroposophischen Verbindungen oder dergleichen. Da eignen wir uns eine gewisse Art des Denkens, eine gewisse Art des Fühlens an, so daß wir dadurch in die Lage kommen, Dinge ernsthaft zu betrachten, welche die Menschen, die heute draußen in der Welt stehen und kaum etwas von Anthroposophie gehört haben, ganz selbstverständlich und begreiflicherweise vielleicht sogar als tolle Phantastereien ansehen müssen.

Gewiß, es könnte eingewendet werden, Anthroposophie würde auch verbreitet durch öffentliche Vorträge, welche da zu ganz unvorbereiteten Menschen sprechen. Aber gerade die, welche im engeren Sinne gesellschaftsmäßig unseren Kreisen angehören, werden wissen, daß der ganze Ton und die ganze Art und Weise der Haltung eines anthroposophischen Vortrages anders sein muß, wenn er vor einem unvorbereiteten Publikum gehalten wird, als vor denjenigen, zu denen man so sprechen kann, daß sie durch den Drang ihres Herzens, durch die ganze Art und Weise ihrer inneren Gesinnung das ernst nehmen, was das große Publikum noch nicht ernstnehmen könnte. Und dies, was jetzt angedeutet worden ist, wird in der nächsten Zukunft nicht etwa besser werden – davon kann gar keine Rede sein –, sondern es wird in der nächsten Zukunft immer stärker und schärfer hervortreten. Die äußere Gegnerschaft gegen alles Anthroposophische wird immer größer und größer werden in der Welt, und zwar aus dem Grunde, weil gerade Anthroposophie in unserer Gegenwart etwas im höchsten Grade Zeitgemäßes, etwas im höchsten Grade Notwendiges ist, und weil gegen das Allernotwendigste, gegen das Allerzeitgemäßeste die Auflehnung der Menschen im Grunde genommen immer am allerstärksten ist.

Nun könnte die Frage entstehen: Warum denn das? Warum ist die Auflehnung der Menschenherzen irgendeines Zeitalters am allerstärksten gegen das, was dieses Zeitalter am allernotwendigsten braucht? – Das ist etwas, was der Anthroposoph sollte begreifen können, was aber zu schwierig ist, um es vor einem unvorbereiteten Publikum auch nur im allerentferntesten klarzumachen.

Der Anthroposoph weiß, daß es luziferische Kräfte und Wesenheiten gibt, die hinter der allgemeinen Evolution zurückgeblieben sind. Die wirken durch die Menschenherzen, durch die Menschenseelen, und sie haben das allergrößte Interesse daran, in den Zeiten, in welchen das Streben nach aufwärts am größten wird, ihre Attacken, ihre Angriffe am allerstärksten zu machen. Weil nun die Auflehnung der Menschenherzen gegen das, was vorwärtsstrebt in der Menschheitsentwickelung, von den luziferischen Kräften herrührt, und weil diese ihre Attacken dann unternehmen werden, wenn es ihnen sozusagen an den Kragen geht, deshalb müssen diese Attacken – also auch die Auflehnung der Menschenherzen – in solchen Zeiten am allerstärksten sein. Daher werden wir verstehen, daß die für die Menschheit bedeutsamsten Wahrheiten sich von jeher dadurch eingelebt haben in die Menschheitsentwickelung, daß sie mit dem Umstande rechnen mußten, daß sie die stärksten Widerstände finden. Etwas, was sich nicht sehr unterscheidet von dem, was sonst auch vorkommt in der Welt, wird kaum starke Widerstände finden. Aber, was deshalb in die Welt tritt, weil die Menschheit seit langem danach dürstet und es nicht empfangen hat, das ist zugleich das, was die stärksten Attacken der luziferischen Kräfte herausfordert. Und so ist eine Gesellschaft eigentlich nichts weiter als ein Schutzwall gegen dieses ganze, aber als begreiflich charakterisierte

Verhalten der Außenwelt. Man muß etwas haben, innerhalb dessen man diese Dinge so vertreten kann, daß man sagen kann: Diejenigen, zu denen man spricht, oder mit denen man zusammen ist, sie bringen der Sache ein gewisses Verständnis entgegen, und die anderen, welche sich nicht vereinigt haben mit denen, die davon sprechen, die geht es nichts an. – Von dem, was in der Öffentlichkeit vertreten wird, glauben alle Menschen, daß es sie etwas angeht, und daß sie ein Urteil darüber abzugeben haben, natürlich gestachelt von den luziferischen Kräften. Daraus ersehen wir, daß es zwar notwendig ist, Anthroposophie zu treiben, daß aber Anthroposophie etwas hereinbringt in unsere Gegenwart, was hereinkommen muß und verlangt wird von dem geistigen Durste und dem geistigen Nahrungsbedürfnis unserer Zeit, und was unter allen Umständen hereinkommen wird auf irgendeine Art. Denn dafür, daß es hereinkommt, dafür sorgen die geistigen Mächte, die sich der Evolution gewidmet haben.

Daher können wir im rein anthroposophischen Sinne die Frage aufwerfen: Worin liegen die wichtigsten Dinge, die gegenwärtig der Menschheit eingepflanzt werden sollen durch die Anthroposophie? Es werden diejenigen sein, nach denen die gegenwärtige Menschheit ganz besonders dürstet, die am allernotwendigsten sind. Gerade mit der Beantwortung einer solchen Frage kann man am allermeisten mißverstanden werden. Deshalb ist es so notwendig, für die Gedanken zunächst Anthroposophie und Anthroposophische Gesellschaft zu trennen. Denn, was die Anthroposophie der Menschheit bringen soll, sind neue Erkenntnisse, neue Wahrheiten. Aber eine Gesellschaft kann niemals – und am allerwenigsten in unserer Zeit – auf irgendwelche besonderen Wahrheiten eingeschworen werden. Die Frage wäre die allerunsinnigste: Welchen Glauben habt ihr Anthroposophen? – Unsinnig ist sie dann, wenn man unter «Anthroposophen» einen Menschen meint, der zur Anthroposophischen Gesellschaft gehört; denn man würde dabei voraussetzen, daß eine ganze Gesellschaft eine gemeinsame Überzeugung, ein gemeinsames Dogma haben würde. Das kann nicht sein. In dem Augenblick, wo eine ganze Gesellschaft – statutengemäß – auf ein gemeinsames Dogma schwören müßte, hörte sie auf eine Gesellschaft zu sein, und es würde die Sektiererei beginnen. Hier haben wir die Grenze, wo eine Gesellschaft aufhört, eine Gesellschaft zu sein. In dem Augenblick, wo ein Mensch verpflichtet würde, eine von der Gesellschaft geforderte Überzeugung zu haben, hätte man es mit einer Sektiererei zu tun. Daher kann eine Gesellschaft, welche sich dem widmet, was jetzt charakterisiert worden ist, dies nur unter dem Gesichtspunkte sein, daß sie es ist unter dem naturgemäßen geistigen Drange. Man kann fragen: Welche Menschen kommen herbei, um über Anthroposophie etwas zu hören? – Und man wird sagen können: Es sind die, welche irgend etwas über geistige Dinge hören wollen, die einen Drang haben, über geistige Dinge etwas zu hören. – Dieser Drang ist kein Dogma. Denn wenn jemand etwas sucht, wovon er nicht sagt, ich werde dieses oder jenes finden, sondern wo er, wenn er sucht, eben sucht, so ist dieses Suchen das Gemeinsame, was eine Gesellschaft, die nicht eine Sekte werden will, haben muß. Aber ganz unabhängig davon ist die Frage: Was bringt nun die Anthroposophie als solche der Menschheit? – Und man muß sagen: Die Anthroposophie als solche bringt der Menschheit etwas, was ähnlich, nur geistiger und in bezug auf das menschliche Gemüt tiefer und bedeutungsvoller ist, als alle großen geistigen Wahrheiten gewesen sind, welche je der Menschheit gebracht worden sind.

Nun gibt es unter den Dingen, die wir im Verlaufe unserer Betrachtungen an uns haben herantreten lassen, manche, von denen man sagen kann: sie sind so, daß sie eigentlich nicht als die bedeutsamen, als die bezeichnenden angegeben werden können, wenn von dem die Rede ist, was eigentlich die gegenwärtige Menschheit als Neues erhalten soll. Aber fundamentale Dinge sind es, fundamentale Wahrheiten, die wirklich als neu in die Menschheit hereintreten. Und wir brauchen nicht sehr weit zu gehen, um zu charakterisieren, worin eigentlich das Neue der anthroposophischen Bewegung liegt. Es liegt darin, daß die zwei Wahrheiten, die sozusagen zu unseren fundamentalsten Dingen gehören, an die Menschenseele in einer immer überzeugenderen Weise herantreten: die beiden Wahrheiten von Reinkarnation und Karma. Man kann sagen: Was der Anthroposoph in erster Linie auf seinem Wege findet, wenn er heute ernstlich strebt, das ist die Notwendigkeit der Erkenntnis von Reinkarnation und Karma. Wir können zum Beispiel nicht sagen, daß in der abendländischen Kultur gewisse Dinge, wie etwa die Möglichkeit, in höhere Welten sich zu erheben, durch die Anthroposophie als etwas fundamental Neues auftritt; denn wer die abendländische Entwickelung kennt, wer da weiß, ich will nur sagen, daß es Mystiker gegeben hat, selbst solche Mystiker, wie *Jakob Böhme* oder *Swedenborg* oder wie die ganze Jakob Böhmesche Schule, der weiß auch, daß das eine – wenn es auch vielfach strittig war – immer geglaubt worden ist, daß es immer da war als Ansicht: daß sich der Mensch aus der gewöhnlichen Sinneswelt zu höheren Welten erheben kann; so daß dies also nicht das fundamental Neue ist. Weiter sind auch gewisse andere Dinge nicht das fundamental Neue. Selbst wenn wir über das sprechen, was in bezug auf die Evolution fundamental ist; wenn wir zum Beispiel sprechen über die Christus-Frage: in bezug auf die anthroposophische Bewegung als solche ist sie nicht das Fundamentalste; sondern das Fundamentalste ist die Gestalt, welche die Christus-Frage dadurch erhält, daß Reinkarnation und Karma in die Herzen der Menschen als Wahrheiten aufgenommen werden. Die Beleuchtung, welche die Christus-Frage erhält unter der Voraussetzung der Wahrheiten von Reinkarnation und Karma, das ist das Wesentliche. Denn die Christus-Frage hat das Abendland in wahrhaftig tiefer Weise zu den verschiedensten Zeiten beschäftigt. Wir können dabei erinnern an die Zeiten der Gnosis, können erinnern an die Zeiten, in welchen sich vertieft hat das esoterische Christentum zum Beispiel derjenigen, die im Zeichen des Grals oder des Rosenkreuzes sich zusammengefunden haben, wie sie vertieft haben die Christus-Frage. Also das ist nicht das Fundamentale. Fundamental, wesentlich wird die Frage für die abendländischen Gemüter, für die Erkenntnis und religiösen Bedürfnisse nur durch die Wahrheiten von Reinkarnation und Karma, so daß der, welcher eine Erweiterung seines Gemütes erfährt durch die Erkenntnis von Reinkarnation und Karma, auch notwendigerweise fordert eine neue Erkenntnis alter Fragen. – Was die Erkenntnis von Reinkarnation und Karma betrifft, so müssen wir das gerade Gegenteil davon sagen. Wir können höchstens darauf aufmerksam machen, daß Reinkarnation und Karma, man könnte sagen, sich schüchtern hereinfinden in die abendländische Kultur zur Zeit *Lessings,* der in seiner «Erziehung des Menschengeschlechts» darauf kommt. Wir finden dann auch weitere Beispiele, wie tiefere Geister auf diese Frage kommen. Aber daß Reinkarnation und Karma als ein Bestandteil des menschlichen Bewußtseins sich geltend machen, daß sie aufgenommen werden in Herz und Gemüt des Menschen so, wie es durch die Anthroposophie geschieht, das ist eben etwas, was erst in unserer Gegenwart wirklich geschehen kann. Daher könnte man sagen: Das Verhältnis eines Menschen der Gegenwart zur Anthroposophie charakterisiert sich darin, daß er in die Lage kommen kann, aus irgendwelchen Voraussetzungen heraus Reinkarnation und Karma als Erkenntnisse in sich aufzunehmen. Das ist das Wesentliche, worum es sich handelt. Im Grunde genommen folgt alles übrige dann in einer mehr oder weniger selbstverständlichen Weise daraus, ob sich der Mensch zu Reinkarnation und Karma in der entsprechenden Weise zu stellen vermag.

Nun müssen wir uns, wenn wir die Frage so ins Auge fassen, auch klar werden, was es für die abendländische Menschheit und für die Menschheit überhaupt bedeutet, wenn Reinkarnation und Karma Erkenntnisse werden, die sozusagen übergehen in die Alltäglichkeit, wie andere Wahrheiten in die Alltäglichkeit übergegangen sind. In einem noch viel größeren Umfange müssen in der nächsten Zeit Reinkarnation und Karma in das Bewußtsein der Menschheit übergehen, als dies zum Beispiel die kopernikanische Weltanschauung getan hat. In bezug auf die letztere brauchen wir uns nur einmal recht klarzumachen, wie sie eigentlich mit einem raschen Schritt sich eingelebt hat in die Gemüter der Menschen. Denken Sie nur an das, was ich auch im öffentlichen Vortrage gesagt habe: wie lange es erst in bezug auf weltgeschichtliche Verhältnisse her ist, daß diese kopernikanische Weltanschauung sich verbreitet hat, und denken Sie daran, daß bis in die niedersten Schulen hinein diese Weltanschauung die Menschen ergriffen hat.

Nun gibt es einen bedeutsamen Unterschied in bezug auf das Ergreifen der Menschenseele zwischen dieser kopernikanischen Weltanschauung und der anthroposophischen Weltanschauung, insofern sich diese aufbaut auf dem Fundament von Reinkarnation und Karma. Um diesen Unterschied zu charakterisieren, braucht man wahrhaftig einen anthroposophischen Zweig mit Menschen, die in gutem Willen zusammensitzen; denn man muß eigentlich dabei ein Ding sagen, wenn man diesen Unterschied charakterisieren will, muß es notwendigerweise sagen, bei dem sich den außerhalb der anthroposophischen Bewegung stehenden Menschen wahrhaftig der Magen umdreht.

Was gehörte denn dazu, daß die Menschen so schnell, so rasch und bis in das Kindheitsalter hinein die kopernikanische Weltanschauung angenommen haben? Die, welche mich über die kopernikanische Weltanschauung oder über neuere Naturwissenschaft haben reden hören, die werden gewiß wissen, daß ich nicht irgendwie ein abträgliches Urteil fälle über diese moderne naturwissenschaftliche Anschauung. Daher darf es schon gestattet sein, wenn man diesen betreffenden Unterschied wirklich charakterisieren will, zu sagen: Um dieses Weltbild aufzunehmen, das rein auf eine Charakteristik des Raumes, auf äußere Raumverhältnisse beschränkt ist, war notwendig eine Epoche der Oberflächlichkeit! – Und der Grund, warum so schnell die kopernikanische Weltanschauung sich eingelebt hat, ist kein anderer als der, daß die Menschen durch ein Zeitalter hindurch oberflächlich wurden. Oberflächlichkeit in der Auffassung der Welt war die notwendige Vorbedingung für das Sich-Einleben der kopernikanischen Weltanschauung. Tiefe, Innerlichkeit – also gerade das Entgegengesetzte – wird notwendig sein, wenn sich einleben will, was die Wahrheiten der Anthroposophie sind, und besonders in bezug auf die Grund- und Fundamentalwahrheiten von Reinkarnation und Karma. Wenn wir uns daher heute die Überzeugung verschaffen, daß noch in einer viel, viel stärkeren Weise und in einem viel größeren Umfange die Wahrheiten von Reinkarnation und Karma sich einleben müssen in die Menschheit, so müssen wir uns zugleich klar sein, daß wir in dieser Beziehung doch an der Grenze zweier Zeitalter stehen: des Zeitalters der Oberflächlichkeit – und des Zeitalters der notwendigen Vertiefung, der Verinnerlichung der Menschenseele und des Menschenherzens. Das ist es, was wir uns vor allen Dingen in die Seele schreiben müssen, wenn wir uns voll bewußt sein wollen, was Anthroposophie in der Gegenwart der modernen Menschheit zu bringen hat. Und dann müssen wir uns fragen: Wie wird sich denn dieses Leben gestalten müssen unter dem Einfluß der Erkenntnisse von Reinkarnation und Karma?

Da müssen wir nur bedenken, was es denn eigentlich für das Menschenherz ist, zu erkennen: Reinkarnation und Karma sind eine Wahrheit. Was ist es für das ganze menschliche Bewußtsein, für das ganze Fühlen und Denken der menschlichen Seele? — Nichts Geringeres ist es doch, das kann jeder einsehen, wenn er über diese Dinge nachdenkt, als eine Erweiterung des menschlichen Selbstes durch Wissen, durch Erkenntnis über gewisse Grenzen hinaus, die sonst dem Wissen und der Erkenntnis gezogen sind. Denn daß man nur dasjenige wissen und erkennen könne, was eingeschlossen ist zwischen Geburt und Tod, das wurde ja gerade im abgelaufenen Zeitalter mit aller Schärfe betont, und daß man höchstens im Glauben aufschauen könne zu einem, der wissend hineingeht in eine geistige Welt, das war eine immer stärker werdende Überzeugung. Aber die Sache ist nicht von einer so großen Bedeutung, wenn man auf dem Erkenntnisstandpunkt stehenbleibt; sondern von Bedeutung wird sie erst, wenn man vom Erkenntnisstandpunkt übergeht zum moralischen Standpunkt, zum gemüthaft-moralischen Standpunkt. Da erst zeigt sich die ganze Größe und Bedeutung der Ideen von Reinkarnation und Karma.

Wir könnten Hunderte von Dingen anführen zur Erhärtung dessen, was jetzt gesagt worden ist, aber es soll nur das eine gesagt werden. Nehmen wir den Menschen der früheren Zeiten der abendländischen Kultur und die weitaus größte Anzahl der Menschen noch heute innerhalb der abendländischen Kultur. Selbst wenn diese Menschen noch im intensivsten Maße an der Annahme hängen, daß der Mensch in bezug auf seine Wesenheit intakt erhalten bleibt, wenn er durch die Pforte des Todes auf dieser Erde geschritten ist, so wird doch, ohne daß man an Reinkarnation und Karma denkt, dieses ganze an den Tod sich anschließende geistige Leben des Menschen dem Erdendasein entzogen. Man hat es zu tun mit dem Betreten einer geistigen Welt; aber mit Ausnahme eben jener «Ausnahmen», die von den mehr oder weniger spiritualistisch angelegten Naturen geltengelassen werden, daß Abgestorbene in Ausnahmefällen hereinwirken, haben wir es — wenn Reinkarnation und Karma nicht gelten — mit einer Idee zu tun, daß das, was in einer geistigen Welt sich abspielt, sei es Strafe oder Belohnung, wenn der Mensch durch die Pforte des Todes geschritten ist, der irdischen Sphäre als solcher entzogen ist, und daß sich das, was sich als Folge seines Lebens ergibt, auf einem ganz anderen, außerirdischen Schauplatze abspielt.

Wenn der Mensch nun übergeht zur Erkenntnis von Reinkarnation und Karma, wird die Sache ganz anders. Da müssen wir uns klar sein, daß das, was für einen solchen Menschen in seiner Seele lebt, nicht bloß, wenn er durch die Pforte des Todes geschritten ist, eine Bedeutung hat für eine erdentrückte Sphäre, sondern daß von dem, was er erlebt zwischen Geburt und Tod, die Zukunft der Erdengestaltung abhängt. Die Erde wird sozusagen die äußere Konfiguration haben, welche die Menschen ihr geben, die vorher da waren. Der ganze Planet in seiner Zukunftskonfiguration, das Zusammenleben der Menschen in der Zukunft, hängt davon ab, wie die Menschen früher gelebt haben in ihren früheren Verleiblichungen. Das ist das Gemüthaft-Moralische, das sich an diese Ideen anknüpft; so daß ein Mensch, der dies angenommen hat, weiß: Wie ich war in dem Leben, so werde ich wirken auf alles, was in der Zukunft geschieht, auf die ganze Kultur der Zukunft! – Da erweitert sich etwas mit dem Wissen von Reinkarnation und Karma über die Grenzen von Geburt und Tod hinaus, was der Mensch bisher nur in engsten Grenzen kennengelernt hat: das Verantwortlichkeitsgefühl! Da sehen wir herauswachsen ein gesteigertes Verantwortlichkeitsgefühl. Darin prägt sich aus, was als eine tief bedeutsame moralische Folge auftritt von Ideen, wie es Reinkarnation und Karma sind. Der Mensch, der nicht an Reinkarnation und Karma glaubt, kann sagen: Wenn ich durch die Pforte des Todes gegangen bin, werde ich höchstens bestraft oder belohnt für das, was ich hier getan habe; ich erfahre die Folgen dieses Daseins in einer anderen Welt; diese andere Welt steht aber unter dem Regiment irgendwelcher geistiger Mächte, und die werden schon verhindern, daß das, was ich in mir trage, gar zu schädlich werde der Gesamtwelt. – So kann der nicht mehr sagen, der da weiß, daß Reinkarnation und Karma eine erkenntnismäßig sich ergebende Idee ist; denn er weiß, daß die Menschen durch die Wiederverkörperung so sein werden, je nach dem, wie sie in dem vorhergehenden Leben gelebt haben.

Das wird das Bedeutsame und Wichtige sein, daß übergehen werden die Fundamentalideen der anthroposophischen Weltanschauung in das Gemütsleben und in die Gesinnung der Menschen und auftreten werden als moralische Impulse, von denen die Menschen in den abgelaufenen Zeiten im Grunde genommen gar keine Ahnung hatten. Das Verantwortlichkeitsgefühl, haben wir gesehen, wird hervorsprießen in einer Weise, wie dies früher überhaupt nicht möglich war; und andere moralische Ideen werden sich notwendig dann in einer ähnlichen Weise ergeben wie dieses Verantwortlichkeitsgefühl. Wir werden als Menschen, die unter dem Einfluß der Ideen von Reinkarnation und Karma leben, wissen lernen, daß es sich nicht handeln kann um eine Beurteilung unseres Lebens bloß nach den Voraussetzungen, welche sich zwischen Geburt und Tod ausleben, sondern nach Voraussetzungen, welche über viele, viele Leben hin verbreitet sind.

Wenn wir unter den Voraussetzungen, die es bisher gegeben hat, an den anderen Menschen herantreten, so entwickeln wir zu diesem anderen Menschen Sympathie, Antipathie, größere oder geringere Liebe und dergleichen. Man muß sagen, die Art und Weise, wie sich Mensch zu Mensch stellt in der Gegenwart, ist doch in Wahrheit das Ergebnis jener Anschauung, die das Leben auf der Erde einmal eingeschlossen denkt zwischen Geburt und Tod. Wir leben in Wahrheit wirklich so, wie wir leben müßten, wenn es eben richtig wäre, daß der Mensch nur einmal auf der Erde da wäre. Wir können sagen: Wir begegnen unseren Freunden, Eltern, Geschwistern und so weiter so, daß bei allem, was wir fühlen und empfinden, das eben mitlebt, daß wir nur einmal auf der Erde sind. Und es wird eine ganz außerordentliche Umgestaltung des Lebens vor sich gehen, wenn nicht nur in einigen Köpfen, wie es heute noch vielfach der Fall ist, als Theorie das lebt, daß es Reinkarnation und Karma gibt. Bis heute ist es im weitesten Umfange noch Theorie. Man kann sagen, heute ist es so, daß es eine Anzahl Anthroposophen gibt, die glauben an Reinkarnation und Karma; aber sie leben so, als wenn es Reinkarnation und Karma nicht gäbe, sondern als wenn das Leben einmal eingeschlossen wäre zwischen Geburt und Tod. Das kann auch nicht anders sein. Denn die Gewohnheiten, die das Leben mit sich bringt, ändern sich weniger rasch, als die Ideen sich ändern. Wenn wir richtige und konkrete Ideen über Reinkarnation und Karma – nur um diese kann es sich handeln – in unser Leben einführen, dann erst werden wir sehen, wie dieses Leben befruchtet werden kann durch solche Ideen.

Wir sehen, daß wir als Menschen hereintreten in das Leben, indem wir im Beginne desselben zusammenkommen mit Eltern, mit Geschwistern und so weiter. Wir sehen, daß wir durch diese Natureinrichtung notwendigerweise in der ersten Zeit unseres Lebens vorzugsweise so in demselben drinnenstehen, daß die, welche um uns herum sind, mehr oder weniger durch Naturelemente um uns herum gestellt sind: durch Blutsverwandtschaft, Nähe des Ortes und so weiter. Dann sehen wir, wenn wir heranwachsen, wie diese Kreise der Blutsverwandtschaft sich erweitern, wie wir in ganz andere, nicht mehr von Blutsverwandtschaft abhängige Verbindungen mit diesen oder jenen Menschen treten. Nun handelt es sich darum, daß diese Dinge erst karmisch eingesehen werden müssen; dann werden sie eine ganz neue Beleuchtung für das Leben gewinnen. Denn Karma wird erst bedeutungsvoll für das Leben, wenn wir es konkret fassen, wenn wir wirklich auf das Leben anwenden, was die geisteswissenschaftliche Forschung ergibt. Festgestellt werden kann das selbstverständlich nur von der geisteswissenschaftlichen Forschung, kann aber dann auf das Leben angewendet werden.

Eine bedeutungsvolle karmische Frage ist im wesentlichen diese: Wie kommt es denn, daß wir zum Beispiel im gegenwärtigen Leben mit den Menschen zusammenkommen, mit denen wir auf die ja jedem begreifliche Weise durch die Blutsverwandtschaft zusammenkommen? Warum kommen wir mit diesen im Beginne dieses Lebens zusammen? – Nun zeigt die geisteswissenschaftliche Forschung über diese Frage etwas sehr Eigentümliches. In der Regel ist es so – denn wenn auch einzelne Tatsachen angegeben werden, gibt es doch wieder unzählige Ausnahmen –, daß wir mit den Menschen, die wir unwillkürlich treffen im Beginne unseres Lebens, schon in einem vorhergehenden Leben zusammen waren, meistens sogar in dem unmittelbar vorhergehenden, in der Mitte unseres Lebens, so in den Dreißigerjahren. Da haben wir sie uns in irgendeiner Weise freiwillig gewählt, indem wir zu ihnen hingetrieben waren durch unsere Herzensneigung und so weiter. Wir würden ganz fehl gehen, wenn wir die Menschen, mit denen wir im Beginne unseres Lebens zusammenkommen, als solche betrachten würden, mit denen wir auch wieder im Beginne eines anderen Lebens zusammen waren. Nicht am Anfange, nicht am Ende, sondern in der Mitte eines Lebens waren wir durch freiwillige Wahl mit jenen zusammen, mit denen wir dann in einem folgenden Leben zusammentreffen durch Blutsverwandtschaft. Sehr häufig sind die Fälle so, daß man zu dem, mit dem man verheiratet war, den man sich also durch freie Wahl genommen hat, im nächsten Leben im Vater- oder Mutterverhältnis oder im Geschwisterverhältnis steht. Die geisteswissenschaftliche Forschung zeigt, daß das, was man aus der Spekulation voraussetzen würde, was man denken würde, wenn man etwas ausspintisiert über die Dinge, gewöhnlich falsch ist. Die Tatsachen machen gewöhnlich einen Strich durch die Rechnung der Spekulation.

Denken wir nur einmal diese jetzt geschilderte Tatsache und fassen wir sie so auf, wie sie sich wirklich, wenn man vorurteilsfrei forscht, aus der Geisteswissenschaft ergibt, wie sie wieder unser ganzes Verhältnis und unsere ganze Beziehung zum Leben erweitert. Es ist ja nach und nach im Verlaufe der abendländischen Kultur dazu gekommen, daß der Mensch eigentlich jetzt schon gar nicht mehr anders kann, als von Zufall zu reden, wenn er nachdenkt über sein Verhältnis zu denjenigen, mit denen er blutsverwandt ist. Man redet von Zufall, man glaubt auch vielfach schon an den Zufall. Wie sollte man denn an etwas anderes glauben als an Zufall, wenn man das Leben nur einmal eingeschlossen denkt zwischen Geburt und Tod. Für das eine Leben wird man selbstverständlich zugeben, daß man verantwortlich ist für die Folgen der Ereignisse, die man selbst herbeigeführt hat. Indem man sein eigenes Selbst hinüberführt über das, was sich abspielt zwischen Geburt und Tod, indem man sein Selbst verbunden fühlt mit anderen Menschen der anderen Verkörperung, fühlt man sich verantwortlich wie hier im Leben seinen eigenen Taten gegenüber. Es werden immer mehr und mehr die Menschen diese konkreten Tatsachen erfahren müssen. Die allgemeine Idee, wenn man sagt, der Mensch habe sich im Sinne des Karma seine Eltern selber gewählt, gibt noch nichts Besonderes. Aber man bekommt eine Vorstellung von dieser Wahl, die wirklich nun durch alle übrigen Erfahrungen des Lebens bekräftigt werden kann, wenn man weiß: Die, welche du dir jetzt am allerunbewußtesten gewählt hast, die hast du dir in einem früheren Leben in einem Zeitpunkte deiner größten Bewußtheit gewählt, wo du am allerreifsten warst.

Das mag manchem vielleicht heute unangenehm sein, aber wahr ist es doch. Denn man wird lernen, wenn man mit seinen Blutsverwandten nicht zufrieden ist, daß man eben zu dieser Unzufriedenheit selber den Grund gelegt hat, daß man also für die nächste Inkarnation wird anders vorsorgen müssen; und dann wird schon die Idee von Reinkarnation und Karma fruchtbar werden für das Leben. Und das ist es ja, daß diese Ideen nicht für die Befriedigung irgendeiner Neugierde und so weiter, sondern für unsere Vervollkommnung und damit für die Vervollkommnung des ganzen Lebens gelten. Und weiter werden wir wissen, daß das, was gesagt worden ist, etwas Ähnliches für das gegenwärtige Leben und dessen Folgen nach sich zieht; daß diejenigen, mit denen wir in den Dreißigerjahren zusammengeführt werden, wo wir also mit unserem vollen Verstande zu urteilen glauben, durchaus so mit uns verbunden werden, daß sie in einem nächsten Leben uns gleich am Ausgangspunkte, vielleicht als Eltern oder Geschwister, entgegentreten werden. Wenn wir wissen, was davon abhängt, daß sich Familienkonfigurationen bilden, daß diese oder jene Leute zusammenkommen, so wird sich unser Verantwortlichkeitsgefühl unter den Ideen von Reinkarnation und Karma bedeutsam erweitern.

Ich sagte, daß wir betonen können, daß diese Dinge sich als begreiflich im Leben erweisen. Müssen nicht die Kräfte, die eine Menschenindividualität herunterbringen in eine Familie, ganz bedeutende, starke sein? Stark können sie aber nicht sein in dem Menschen, der jetzt verkörpert wird; denn da können sie nicht viel zu tun haben mit den Welten, in die er herunterkommt. Muß es nicht begreiflich sein, daß die Kräfte, die im Tiefsten der Seele wirken, aus Zeiten stammen müssen des vergangenen Lebens, wo mit der starken Kraft der Freundschaft, der «bewußten Liebe», wenn man es so nennen darf, die Zusammenhänge von uns herbeigeführt wurden? Was als bewußte Kräfte in dem einen Leben gewaltet hat, das wirkt als unbewußte Kräfte in dem nächsten Leben; was auf mehr oder weniger unbewußte Art geschieht, das erklärt sich auf diese Weise.

Allerdings ist es notwendig, daß man sich die Tatsachen der Forschung nicht trübt, weil diese Tatsachen der Forschung fast immer einen Strich durch die Spekulation machen, so daß man nur hinterher die Logik in den Tatsachen finden kann. Man soll sich nicht verleiten lassen, durch Spekulation vorgehen zu wollen; denn da wird man nicht zu dem richtigen Gesichtspunkt kommen, sondern immer zu etwas Ähnlichem, was sich charakterisieren läßt durch jenes Gespräch, das ich auch schon erzählte. In einer süddeutschen Stadt nämlich sagte mir einmal ein Theologe: Ich habe Ihre Schriften gelesen und habe gesehen, daß sie so logisch sind; daher habe ich mir gedacht, wenn sie so logisch sind, so kann ihr Verfasser vielleicht auch auf dem Wege der bloßen Logik dazu gekommen sein. – Wenn ich mich also bemüht hätte, weniger «logisch» zu schreiben, so würde ich mir damit ein Verdienst erworben haben in den Augen des betreffenden Theologen, weil er dann gesehen haben würde, daß die Darstellungen nicht durch bloße Logik gefunden worden sind. Wer aber auf die Schriften eingeht, der wird sehen, daß die logischen Formen ihnen nachher gegeben sind, daß sie aber nicht durch Logik gefunden worden sind. Ich wenigstens könnte es nicht, das versichere ich Ihnen. Vielleicht könnten es andere durch bloße Logik finden.

Wenn wir die Dinge so ansehen, erweist es sich als eine tief bedeutsame Idee, daß die wichtigsten Impulse, die aus der Anthroposophie hervorgehen müssen, moralisch-gemüthafte Impulse sein müssen. Wir haben heute das Verantwortlichkeitsgefühl auf verschiedenen Gebieten hervorgehoben. Wir könnten ebenso Liebe, Mitleid verfolgen, die alle verschiedene Formen annehmen unter dem Einfluß der Ideen von Reinkarnation und Karma. Aus diesem Grunde war es auch, warum wir im Verlaufe der Jahre so sehr Wert darauf gelegt haben, selbst bis in die öffentlichen Vorträge hinein, Anthroposophie immer mit Bezug auf das Leben, mit Bezug auf die unmittelbarsten Erscheinungen des Lebens zu betrachten. So haben wir gesprochen über die Mission des Zornes, über das menschliche Gewissen, über das Gebet, über die Erziehung des Kindes, über die verschiedenen Lebensalter des Menschen – und haben alle diese Dinge in das Licht gerückt, in das sie gerückt werden müssen, wenn man die Ideen von Reinkarnation und Karma als die richtigen voraussetzt. Und da hat sich uns ergeben, wie umgestaltend diese Ideen von Reinkarnation und Karma in das Leben eingreifen. Das hat ja im Grunde genommen den Hauptteil unserer Betrachtungen ausgemacht, daß wir die fundamentalen Ideen in ihrer Wirkung für das Leben betrachtet haben. Wenn auch nicht immer, ich möchte sagen, mit abstrakten Worten aus Reinkarnation und Karma die Bedeutung hergeleitet wird, die zum Beispiel Gemütseigenschaften, oder das Gewissen, der Charakter, das Gebet erfahren, wenn das auch nicht immer so hergeleitet wird, daß man sagt: Wenn man Reinkarnation und Karma annimmt, dann ergibt sich – und so weiter, so standen doch alle unsere Betrachtungen unter dem Impuls von Reinkarnation und Karma. Und das wird das Bedeutsame sein für die nächste Gegenwart, daß nicht nur die Seelenwissenschaft eine Beeinflussung erfahren wird durch die Ideen von Reinkarnation und Karma, sondern auch die anderen Wissenschaften. Wenn Sie einen solchen Vortrag verfolgen wie den letzten öffentlichen: «Der Tod bei Mensch, Tier und Pflanze», so werden Sie sehen, daß es sich darum handelte zu zeigen, wie die Menschen denken lernen werden über den Tod bei Pflanze, Tier und Mensch, wenn sie in sich selbst das sehen, was über das einzelne Leben des Menschen hinausgeht. Wir kamen auf die Bedeutung des Todes bei Mensch, Tier und Pflanze dadurch, daß wir uns klar wurden: Anders lebt das Selbst im Menschen, anders beim Tier und wieder anders bei den Pflanzen. Beim Menschen ist es ein individuelles Ich, bei den Tieren ist es die Gruppenseele, und bei den Pflanzen haben wir es mit einem Teil des ganzen Planetenseelensystems zu tun. Dadurch faßten wir bei den Pflanzen als ein bloßes Einschlafen und Aufwachen auf, was uns als Tod und Entstehen äußerlich entgegentritt. Bei den Tieren ist es wieder anders; da ist es ähnlich wie in uns selber, indem das Selbst in einer Inkarnation vorrückt, gewisse Instinkte und so weiter überwindet. Aber erst beim Menschen, der selbst seine Verkörperungen herbeiführt, waren wir uns klar, daß erst der Tod die Gewähr bietet für die Unsterblichkeit, und daß das Wort Tod in dieser Bedeutung nur beim Menschen so gebraucht werden dürfte, oder daß wir, wenn wir das Wort Tod allgemein gebrauchen, hervorheben müßten, wie der Mensch, wie das Tier und wie die Pflanze stirbt, und daß wir ein ganz neues Wort gebrauchen müßten bei Tier und Pflanze.

Alles andere in der Anthroposophie ist ein solches, daß die Menschenseele fordert, etwas zu erfahren über diese oder jene Dinge; aber es macht sozusagen das «Andere» im Grunde genommen gar nicht den Anthroposophen aus. Zu gewissen Dingen kommt er schon, wenn es Zeit ist. Wenn er zunächst in der Lage ist, die Ideen von Reinkarnation und Karma in dem Sinne aufzunehmen, wie wir sie geben müssen im Unterschiede von älteren Ideen von Reinkarnation und Karma, wie zum Beispiel im Buddhismus, so kommt der Mensch im Verlaufe der Forschung ganz von selbst schon zu anderen Dingen. Daher war der Hauptteil unserer Arbeit dem gewidmet, den Einfluß von Reinkarnation und Karma auf das gesamte Menschenleben ins Auge zu fassen.

In dieser Beziehung sollte es klar sein, daß die Arbeit innerhalb irgendwelcher anthroposophischer Vereinigung oder Gesellschaft im Sinne dieser Mission der Anthroposophie aufgefaßt werden müßte. Daher ist es begreiflich, daß wir im Grunde genommen über diejenigen Fragen, welche dem Außenstehenden, dem von der Anthroposophie als solcher weniger Berührten, vielleicht zunächst als die wichtigsten erscheinen, eigentlich nur reden, wenn wir eben von den Grundwahrheiten aufsteigen wollen zu denjenigen Dingen, die jeder Seele, weil sie eine abendländische Seele ist, am nächsten sind. Es wäre durchaus der Fall denkbar, daß man das Neue, was heute als das fundamental Neue charakterisiert worden ist, von der Anthroposophie aufnehmen würde und sich zunächst gar nicht kümmerte um irgendwelche religiösen Gegensätze der Menschen. Denn das ist gar nicht das Charakteristische dieser neuen Geisteswissenschaft, daß etwa vergleichende Religionswissenschaft getrieben würde; wenn das zwar heute auch getrieben wird, genug sogar. Aber gegenüber dem, was sonst heute da getan wird, ist das, was bei den Theosophen getrieben wird, gar nicht das Geistreichere. Das ist aber das Bedeutsame, daß in der Anthroposophie alle diese Dinge in das Licht gerückt werden, das von den Ideen von Reinkarnation und Karma ausgeht.

Namentlich wird noch in einer anderen Beziehung das Verantwortlichkeitsgefühl unter dem Einfluß von Reinkarnation und Karma ganz beträchtlich wachsen. Wenn wir nur einmal auf das sehen, was heute gesagt worden ist über das Verhältnis von Blutsverwandten zu frei gewählten Menschen, so sehen wir schon, daß ein gewisser Gegensatz besteht: Was in einem Leben das Innerlichste, das Verborgenste an Impulsen ist, das ist in dem anderen das Offenbarste. Wenn wir unsere tiefsten Freundschaftsgefühle in der einen Inkarnation Menschen entgegenbringen, so bereiten wir dadurch wohl vor eine äußere Verwandtschaft, eine Blutsverwandtschaft oder dergleichen. Ähnlich ist es auf einem anderen Gebiete. Die Art, wie wir über irgend etwas denken, was uns als das Unwirklichste in dieser Inkarnation erscheint, das wird uns das Maßgebendste, das die eigentlichen Impulse für die nächste Inkarnation Bedingende sein. Die Art, wie wir denken, ob wir uns leichten Herzens einer Wahrheit hingeben, oder ob wir mit allen Mitteln, die uns zur Verfügung stehen, prüfend uns an eine Wahrheit heranmachen, ob wir Wahrheitssinn oder Fanatismus haben, das tritt in ein ganz anderes Verhältnis zur menschlichen Entwickelung durch das Sich-Einleben in die Ideen von Reinkarnation und Karma, als es heute der Fall ist. Denn, was wir nur in unserem Innersten haben in der gegenwärtigen Inkarnation, das werden wir am offenbarsten haben in der nächsten. Und wer viel lügt oder Neigung hat, leichten Herzens dieses oder jenes anzunehmen, der wird ein leichtsinniger Mensch werden in der nächsten oder einer nächsten Inkarnation; denn, was wir denken, wie wir denken, wie wir uns zur Wahrheit stellen, was also in dieser Inkarnation innerlich ist, das wird das Maß des Verhaltens in unserer nächsten Inkarnation bilden. Wenn wir zum Beispiel, ohne daß wir sehr genau prüfen, in dieser Inkarnation einen Menschen für einen schlechten halten, während er sich, wenn wir ihn genau prüfen würden, vielleicht als ein guter oder höchstens als ein halbguter erweisen würde, wenn wir diesen Gedanken ungeprüft durch das Leben tragen, so wird sich herausstellen, daß wir, indem wir uns in dieser Weise Urteile bilden über Menschen, unverträgliche, zänkische, abscheuliche Menschen werden in der nächsten Inkarnation! Da haben wir wieder eine Erweiterung des moralisch-gemüthaften Elementes in unsere Seele.

Das ist außerordentlich wichtig, daß wir solche Dinge recht sehr ins Auge fassen, und daß wir uns einmal mit dem Gedanken bekanntmachen, welche fundamentale Bedeutung es hat, in sein Innerstes, in sein ganzes Gemüt das aufzunehmen, was nun wirklich als Neues und alles andere dadurch in einer gewissen Weise Erneuernde in die geistige Entwickelung der Gegenwart mit den Ideen von Reinkarnation und Karma hereintritt. Daher ist es, daß wir darauf den Hauptwert legten in dem ganzen Verlauf unserer anthroposophischen Bewegung, und daß wir gewissermaßen andere Fragen, die gewiß mit Notwendigkeit sich aus diesen ergeben, auch nur in dieser Weise behandeln, wie das sich notwendig ergeben muß. Daher könnte zum Beispiel unsere Eigenart, unsere ganze Art und Weise, wie Anthroposophie in unserer Mitte getrieben wird, wenn die Dinge in Wahrheit dargestellt werden, wie wir es machen, niemals als im Gegensatze zu einer Bewegung aufgefaßt werden, welche Reinkarnation und Karma in den Mittelpunkt der Betrachtungen stellt. Der Gegensatz zu uns muß immer von außen konstruiert werden; es ist unmöglich, daß er sich ergeben kann, wenn man die Dinge, die in unserer Mitte geschehen, wirklich richtig darstellt. Wir brauchen nur das eine Moment ins Auge zu fassen: Wie wenig wird eigentlich über die Christus-Frage in unserer Mitte gesprochen! Da darf niemand das, was gesagt wird, deshalb vergrößern, weil er es für sein Herz als besonders wichtig empfindet, sondern er muß es objektiv betrachten; so daß niemand einen Grund hat, weil dieses oder jenes als notwendige Folge für das gereifte Begreifen von Reinkarnation und Karma sich ergibt, zu sagen, daß wir viel über die Christus-Frage sprechen. Denn das ist nicht das Fundamentale, was den Anthroposophen in der Gegenwart ausmacht, sondern das ist es, was neu in die Welt hereintritt, und daß das, was neu hereintritt, wirklich von der Menschheit aufgenommen wird. So also müßten wir dies verstehen, daß es eigentlich nur durch eine unrichtige, oder unter der Voraussetzung einer unrichtigen Darstellung der Art und Weise, wie wir die Dinge hier treiben, möglich wäre, einen Gegensatz zu konstruieren; denn der muß immer von außen zu uns konstruiert werden. Man kann Gegner sein von uns, aber wir brauchen nicht irgendeine Gegnerschaft zu konstruieren; denn das Sich-nicht-Kümmern um etwas, bedeutet nicht eine Gegnerschaft, sonst müßte man ein Gegner sein von allem, worum man sich nicht kümmert!

Das wollte ich Ihnen besonders an die Seele legen: daß wir nachdenken, was das Fundamentale, was das Neue an der Anthroposophie eigentlich ausmacht. Selbstverständlich soll damit nicht gesagt sein: Eine anthroposophische Gesellschaft ist die, welche an Reinkarnation und Karma glaubt. Sondern es soll damit gesagt sein: So wie einmal eine Zeit reif geworden ist, um die kopernikanische Weltanschauung aufzunehmen, so ist unsere Zeit reif geworden, die Lehre von Reinkarnation und Karma zum allgemeinen Bewußtsein der Menschheit zu bringen. Und was geschehen soll im Verlaufe der Menschheitsentwickelung, das wird geschehen, wie viele Mächte sich auch dagegen erheben. Und mit Reinkarnation und Karma, mit dem wirklichen Begreifen von Reinkarnation und Karma werden sich alle anderen Dinge von selbst ergeben. Die anderen Dinge ergeben sich durch das Licht, das von Reinkarnation und Karma ausstrahlt.

Es war gewiß einmal ganz nützlich, betrachtet zu haben, was eigentlich das fundamental Unterscheidende ist zwischen denjenigen, die sich an der Anthroposophie interessiert fühlen, und denjenigen, die ihre Gegnerschaft gegen sie entwickeln. Das Annehmen einer höheren Welt als solches ist es eigentlich nicht; sondern das ist es, was die Vorstellungen an Höherem erfahren durch die Voraussetzung der Ideen von Reinkarnation und Karma. Damit haben wir heute etwas angegeben, was als das Wesentliche der anthroposophischen Weltanschauung angesehen werden kann.

ERSTER VORTRAG

Stuttgart, 20. Februar 1912

Wenn wir das Leben in Betracht ziehen, wie es sich um uns herum abspielt, wie es sozusagen seine Wogen hereinwirft in unser Inneres, in all das, was wir selber während unseres physischen Erdendaseins zu empfinden und zu leiden haben, oder worüber wir uns zu freuen haben, so können wir mehrere besondere Gruppen oder Arten von Erleben ins Auge fassen.

Wir finden zunächst, wenn wir mehr auf uns selbst schauen, auf dasjenige, was in unseren Fähigkeiten, in unseren Talenten liegt, wir finden, wenn uns dieses oder jenes gelingt, daß wir uns sagen können: Nun, nachdem wir schon einmal dieser oder jener Mensch sind, ist es ganz natürlich und begreiflich, daß uns dieses oder jenes gelingen mußte. – Wir können aber auch gewisse Mißerfolge, die uns betroffen haben, vielleicht gerade das, was wir als Mißgeschick und Unglück bezeichnen müssen, weil es uns nicht gelungen ist, im ganzen Zusammenhang unseres Wesens begreiflich finden.

Vielleicht gelingt es uns nicht immer in solchen Fällen, genau nachzuweisen, wie dieser oder jener Mißerfolg, dieses oder jenes, was uns nicht gelungen ist, zusammenhängt mit unserer Unfähigkeit nach dieser oder jener Richtung. Aber wenn wir uns dann im allgemeinen sagen müssen: Du warst ja in vielen Beziehungen im jetzigen Erdendasein ein leichtsinniges Subjekt, da kannst du begreifen, daß du unter Umständen verdientermaßen diesen oder jenen Mißerfolg haben mußt –, dann können wir vielleicht nicht ganz unmittelbar den Zusammenhang einsehen zwischen Mißerfolg und Unfähigkeit, aber im allgemeinen doch begreiflich finden, daß, wenn wir leichtsinnig waren, nicht alles am Schnürchen gelingen konnte.

Von dem, was jetzt besprochen worden ist, können Sie sich denken, daß wir gewissermaßen eine Art ursächlichen Zusammenhanges einsehen könnten zwischen dem, was geschehen mußte aus unseren Fähigkeiten und unseren Unfähigkeiten heraus. Es gibt aber viele Dinge im Leben, bei denen wir, auch wenn wir noch so genau zu Werke gehen, nicht erreichen, das, was uns gelingt oder mißlingt, ohne weiteres in Zusammenhang zu bringen mit unseren Fähigkeiten oder Unfähigkeiten, bei denen uns gewissermaßen undurchsichtig bleibt, wie wir dieses oder jenes verschuldet haben, oder wie wir es verdient haben. Kurz, wenn wir mehr unser Innenleben ins Auge fassen, werden wir unterscheiden können zwischen zwei Gruppen von Erlebnissen. Die eine Gruppe ist die, bei der wir uns bewußt sind, wie es mit den Ursachen unseres Gelingens und Mißlingens bestellt ist; bei der anderen Gruppe werden wir einen solchen Zusammenhang nicht überschauen können. Bei dieser letzteren Gruppe wird es uns mehr oder weniger als Zufall erscheinen, daß gerade dieses uns mißlungen, ein anderes uns gelungen ist. Wir wollen uns zunächst merken, daß es im Leben diese letztere Gruppe von Tatsachen und Erfahrungen hinlänglich gibt, und wollen später einmal das Augenmerk auf diese Gruppe lenken.

Wir können dann, entgegen dem, was jetzt besprochen worden ist, unser äußeres Schicksal mehr ins Auge fassen. Da werden wir eigentlich wiederum zwei Gruppen von Tatsachen in bezug auf unser äußeres Geschick ins Auge fassen müssen. Wir können solche Fälle ins Auge fassen, bei denen wir innerlich einsehen, daß wir in bezug auf diese Ereignisse, die uns treffen – also nicht, was wir selber unternommen haben –, gewisse Dinge sozusagen selber herbeigeführt haben, schuld sind an solchen Dingen. Aber von einer anderen Gruppe werden wir sehr geneigt sein zu sagen: Wir können den Zusammenhang nicht einsehen mit dem, was wir gewollt, was wir beabsichtigt haben. Es sind diejenigen Ereignisse, bei denen man im gewöhnlichen Leben davon spricht, daß sie wie ein Zufall, der anscheinend mit nichts, was wir selber herbeigeführt haben, zusammenhängt, in unser Leben hereingebrochen sind.

Diese zweite Gruppe ist es, die wir jetzt ins Auge fassen wollen mit Bezug auf das innere Leben, also diejenigen Ereignisse, von denen wir nicht einsehen können, daß sie als etwas Direktes, Unmittelbares mit unseren Fähigkeiten und Unfähigkeiten zu tun haben; äußere Ereignisse also, das, was wir Zufallsereignisse nennen, von denen wir von vorneherein nicht die Einsicht gewinnen können, daß sie durch irgend etwas Vorhergehendes herbeigeführt worden sind.

Nun kann man einmal probeweise sozusagen mit diesen beiden Gruppen von Erlebnissen eine Art Experiment machen. Das Experiment verpflichtet einen ja zunächst zu nichts. Man probiere sozusagen nur einmal dasjenige, was jetzt gesagt, was jetzt charakterisiert werden soll.

Wir können das Experiment machen, indem wir uns vorstellen: Wie wäre es denn, wenn wir einmal eine Art von künstlichem Menschen konstruieren würden, so einen künstlichen Menschen uns ausdenken würden, daß wir von diesem künstlichen Gedankenmenschen, den wir uns ausgedacht haben, sagen würden, gerade diejenigen Dinge, von denen wir keinen Zusammenhang wissen mit unseren Fähigkeiten, die seien so, daß wir den künstlichen Menschen, den wir uns ausdenken, begaben mit den Eigenschaften und Fähigkeiten, welche diese bei uns unbegreiflichen Dinge herbeigeführt haben. Also ein Mensch, der solche Fähigkeiten hat, daß ihm das gelingen oder mißlingen muß, wovon wir uns nicht zuschreiben können, daß es uns nach unseren Fähigkeiten oder Unfähigkeiten gelinge oder mißlinge. Wir stellen ihn uns also vor als einen solchen Menschen, welcher künstlich, ganz absichtlich herbeigeführt hätte die Dinge, welche zufällig in unserem Leben eingetreten zu sein scheinen.

Man kann von einfachen Beispielen ausgehen, um das zu erläutern. Nehmen wir an, ein Ziegelstein wäre auf unsere Schulter gefallen und hätte uns an der Schulter verletzt. Da werden wir zunächst geneigt sein zu sagen: Das ist ein Zufall. – Aber konstruieren wir einen künstlichen Menschen probeweise zunächst wie ein Experiment, der folgende sonderbare Sache machen würde. Wir konstruieren einen Menschen, der auf das Dach steigt und dort rasch einen Ziegelstein loslöst, aber nur so weit, daß der Stein noch einen gewissen Halt behält; dann läuft der künstliche Mensch schnell wieder hinunter, so daß, wenn der Stein sich loslöst, er gerade auf seine Schultern fällt. So machen wir es in bezug auf alle Ereignisse, von denen uns einfällt, daß sie zufällig in unserem Leben eingetreten sind. Einen künstlichen Menschen konstruieren wir, der alles verschuldet oder herbeiführt, wovon wir im gewöhnlichen Leben nicht einsehen können, wie es mit uns zusammenhängt.

Wenn man das tut, so könnte es zunächst ausschauen wie ein bloßes Gedankenspiel. Und es verpflichtet zu nichts, wenn man das tut. Aber eine Merkwürdigkeit stellt sich heraus, wenn man das tut. Wenn man einen solchen Menschen ausgedacht hat und ihn begabt hat mit den geschilderten Eigenschaften, dann macht dieser künstliche Gedankenmensch einen ganz merkwürdigen Eindruck auf uns. Wir kommen nämlich von dem Bilde eines Menschen, das wir uns da gemacht haben, obwohl es scheinbar so künstlich konstruiert ist, nicht mehr los; es fasziniert uns, es macht den Eindruck, als ob es doch irgend etwas mit uns zu tun haben müßte. Dafür sorgt schon die Empfindung, die man gegenüber dem künstlichen Gedankenmenschen hat. Wenn man sich recht sehr hineinvertieft in dieses Bild, so läßt es einen ganz sicher nicht mehr los. Ein merkwürdiger Prozeß bildet sich in unserem Gemüt; ein Prozeß, den man vergleichen kann mit folgendem: Wir kommen zu einem inneren Gemütsprozeß, den der Mensch alle Augenblicke durchmacht. Wir können irgend etwas denken, können einen Entschluß fassen; wir brauchen dazu etwas, was wir einmal gewußt haben, und wir wenden alle möglichen künstlichen Mittel an, um uns auf das zu besinnen, was wir gewußt haben. Bei diesem Anstrengen, in das Gedächtnis etwas heraufzurufen, was uns entfallen ist, machen wir natürlich einen Gemütsprozeß durch, das Uns-Besinnen, wie wir es im gewöhnlichen Leben nennen. Und alle die Gedanken, die wir zu Hilfe nehmen, um uns auf etwas zu besinnen, sind Hilfsgedanken. Versuchen Sie nur einmal, darauf zu kommen, wieviel solcher Hilfsgedanken Sie oftmals aufwenden müssen, die Sie dann wieder fallen lassen, um auf das zu kommen, was Sie wissen wollen. Solche Hilfsgedanken sind dazu da, daß sie den Weg eröffnen auf das zu Besinnende, was wir eigentlich gegenwärtig brauchen.

Gerade so, nur wie etwas weit Umfassenderes, ist jener Gedankenmensch, den wir geschildert haben, ein Hilfsprozeß. Er läßt uns nicht mehr los; er arbeitet in uns so, daß wir sagen, er ist etwas, was als Gedanke in uns wohnt, etwas, was da fortwirkt, was sich umwandelt in uns; was tatsächlich sich umwandelt zu der Idee, zu dem Gedanken, der nun auftritt wie etwas, was uns einfällt, wenn wir uns im gewöhnlichen Erinnerungsprozeß besinnen, der auftritt wie etwas, was uns überwältigt. Wie wenn etwas sagen würde: So kann er nicht bleiben, er ändert sich um in dir, er entfaltet Leben, er wird zu etwas anderem! Das drängt sich uns auf – machen Sie das Experiment! –, es drängt sich uns so auf, daß es uns sagt: Ja, das ist etwas, was mit einem anderen als deinem jetzigen Erdendasein einiges zu tun hat. Eine Art Besinnung auf ein anderes Erdendasein, *der* Gedanke tritt ganz bestimmt auf. Es ist mehr ein Gefühl als ein Gedanke, eine Empfindung, aber eine solche, wie wenn wir das, was im Gemüt auftritt, so fühlen wie das, was wir selber einmal in einer früheren Inkarnation auf dieser Erde waren.

Anthroposophie ist eben durchaus, wenn wir sie als etwas Ganzes betrachten, nicht bloß eine Summe von Theorien, von Mitteilungen von Tatsachen, die da bestehen, sondern sie gibt uns Vorschriften und Anweisungen, wie man dies oder jenes erreichen kann. Die Anthroposophie sagt: Du wirst mehr und mehr dahin geführt, daß du dich leichter besinnen kannst, wenn du dies oder jenes machst. – Man kann auch sagen, und das ist durchaus aus dem Gebiet der Erfahrung geschöpft: Wenn du so vorgehst, bekommst du einen Gemütseindruck, einen Gefühlseindruck von dem Menschen, der du früher warst. – Wir kommen da zu dem, was man nennen könnte: eine Erweiterung unseres Gedächtnisses. Nun ist dies, was sich uns da eröffnet, wirklich zunächst nur eine Gedankentatsache, solange wir den geschilderten Gedankenmenschen konstruieren. Aber der Gedankenmensch bleibt nicht Gedankenmensch. Er verwandelt sich in Empfindungs-, in Gemütseindrücke, und indem er dies tut, wissen wir: In dem, was wir empfinden, haben wir etwas, was zu tun hat mit unserer vorhergehenden Inkarnation. Unser Gedächtnis erweitert sich auf unsere frühere Inkarnation.

In dieser Inkarnation erinnern wir uns an die Dinge, bei denen wir mit unseren Gedanken zugegen sind. Sie alle wissen, daß man sich verhältnismäßig leicht erinnert an die Dinge, in welche unsere Gedanken hereingespielt haben. Im gewöhnlichen Leben bleibt aber nicht so leicht lebendig dasjenige, was in unser Gefühl hereingespielt hat. Wenn Sie versuchen, zurückzudenken an das, was Ihnen großen Schmerz gemacht hat vor zehn, zwanzig Jahren, so werden Sie sich leicht an die Vorstellung erinnern; Sie werden sich an das, was sich da abgespielt hat, in Ihren Vorstellungen zurückversetzen; aber zu einer lebendigen Empfindung des damals empfundenen Schmerzes können Sie nicht gelangen. Der Schmerz verblaßt, die Erinnerung an ihn ergießt sich in unsere Vorstellung. Was jetzt geschildert worden ist, ist ein Gemütsgedächtnis, ein Gefühlsgedächtnis. Und in der Tat, als solches fühlen wir unsere frühere Inkarnation. In der Tat tritt das auf, was wir nennen können: eine Erinnerung an frühere Inkarnationen. Es kann ja nicht so ohne weiteres angesehen werden wie das, was in die gegenwärtige Inkarnation hereinspielt, was Träger der Erinnerung ist an frühere Inkarnationen. Bedenken Sie nur einmal, wie innig verwachsen unsere Vorstellungen mit dem Ausdruck der Vorstellungen sind, mit unserer Sprache. Die Sprache ist die verkörperte Vorstellungswelt. Und die Sprache muß ein jeder Mensch in den einzelnen Leben wieder lernen. Der größte Sprachforscher oder Sprachkenner muß als Kind mit Mühe seine Muttersprache erlernen. Es ist noch nicht der Fall vorgekommen, daß ein Gymnasiast das Griechische deshalb leicht lernte, weil er sich rasch erinnert hätte an das Griechisch, das er in früheren Inkarnationen gesprochen hat!

Der Dichter *Hebbel* hat mit einigen Gedanken den Plan eines Dramas aufgezeichnet, das er schreiben wollte. Schade, daß er es nicht getan hat, es wäre ein sehr interessantes Drama geworden. Die Handlung war so gedacht, daß der wiederverkörperte Plato als Gymnasiast bei der Erklärung des alten Plato die allerschlechteste Zensur bekäme! Leider ist der Plan Hebbels nicht zur Ausführung gekommen. Wir brauchen nicht bloß daran zu denken, daß die Lehrer zum Teil pedantisch sind und so weiter. Wir wissen, daß das, was Hebbel aufzeichnete, darauf beruht, daß das Vorstellungsmäßige, was sich in den unmittelbaren Erfahrungsvorstellungen abspielt, mehr oder weniger unmittelbar beschränkt ist auf die gegenwärtige Inkarnation. Und es ist so, wie jetzt angedeutet worden ist, daß die erste Impression, der erste Eindruck von der vorhergehenden Inkarnation unmittelbar auftritt als Gefühlsgedächtnis, als eine neue Art von Gedächtnis. Was wir als Eindruck haben, wenn dieses Gedächtnis von dem Gedankenmenschen her entsteht, den wir konstruiert haben, ist mehr ein Gefühl, aber ein solches Gefühl, daß man versteht: Der Eindruck rührt von einem Kerl her, der einmal existiert hat und der du selber warst! – Man bekommt etwas wie ein Erinnerungsgefühl als ersten Eindruck an die vorhergehende Inkarnation.

Was da geschildert worden ist als Konstruktion eines Gedankenmenschen, das ist nur ein Mittel. Dieses Mittel wandelt sich um in einen solchen Gemüts- oder Gefühlseindruck. Jeder Mensch, der an die Anthroposophie herantritt, hat eigentlich mehr oder weniger Gelegenheit, leicht dasjenige auszuführen, was jetzt geschildert worden ist. Und wenn er dieses ausführt, wird er schon sehen, daß er wirklich in seinem Inneren einen Eindruck erhält, sagen wir – um ein anderes Beispiel zu gebrauchen – einen Eindruck, den er so schildern könnte: Ich habe einmal eine Landschaft gesehen, ich habe vergessen, wie sie aussieht, sie hat mir aber gefallen! – Nun wird, wenn es in diesem Leben war, die Landschaft keinen sehr lebendigen Gefühlseindruck mehr machen; aber wenn der Eindruck aus einer vorhergehenden Inkarnation stammte, so wird er einen besonders lebendigen Gefühlseindruck machen. Wir können uns so einen besonders lebendigen Eindruck als Gefühlseindruck von unserer früheren Inkarnation machen. Und wenn wir dann objektiv die geschilderten Eindrücke beobachten, werden wir zuweilen etwas wie ein bitteres oder ein bittersüßes oder ein saures Gefühl haben aus dem, was sich ergibt als Umwandlung des Gedankenmenschen. Dieses sauersüße oder sonstige Gefühl ist der Eindruck, den unsere frühere Inkarnation auf uns macht; es ist eine Art von Gefühls- oder Gemütseindruck.

Damit wurde versucht, Sie aufmerksam zu machen auf etwas, was dazu führen kann, bei jedem Menschen eine Art unmittelbarer Gewißheit hervorzurufen, daß er in früheren Leben existiert hat; Gewißheit dadurch, daß er sich ein Gefühl verschafft, daß er Gemüts- oder Gefühlseindrücke hat, von denen er weiß: Das hast du gewiß nicht in diesem Leben irgendwo erworben. – Ein solcher Eindruck tritt aber so auf, wie für das gewöhnliche Leben eine Erinnerungsvorstellung auftritt. Nun kann man fragen: Wie kann man wissen, daß der Eindruck, den man hat, eine Erinnerung ist? – Sehen Sie, da kann man nur sagen, beweisen läßt sich so etwas nicht. Aber es liegt derselbe Tatbestand vor, der auch sonst im Leben vorliegt, wenn wir uns an etwas erinnern und bei gesunden Sinnen sind. Da können wir wissen, daß das, was in uns auftritt in Gedanken, sich wirklich bezieht auf etwas, was wir erlebt haben. Die Erfahrung selber gibt die Gewißheit. Was wir uns in der angegebenen Art vorstellen, gibt uns die Gewißheit davon, daß der Eindruck, der im Gemüt auftaucht, sich nicht auf etwas bezieht, was mit uns zu tun hatte im gegenwärtigen Leben, sondern auf etwas, was mit uns zu tun hatte im vorhergehenden Leben.

Da haben wir auf künstliche Weise in uns hervorgerufen etwas, was uns mit unserem vorhergehenden Leben in Zusammenhang bringt. Wir können noch mancherlei andere Arten von innerlichen probeweisen Erfahrungen und Erlebnissen hernehmen und können dadurch wieder weitergehen und in uns wachrufen so etwas wie Empfindungen von früheren Leben. Da können wir wiederum in anderer Hinsicht die Erlebnisse dessen, was wir im Leben durchmachen, teilen; wir können sie in anderer Weise in Gruppen teilen. Wir können auf der einen Seite in eine Gruppe fassen, was wir an Leiden, an Schmerzen, an Hemmnissen im Leben durchgemacht haben; auf der anderen Seite, was uns bewußt geworden ist als Förderungen, als Freude, Lust und so weiter.

Nun können wir wiederum probeweise uns auf folgenden Standpunkt stellen. Wir können einmal sagen: Ja, wir haben diese Schmerzen, diese Leiden erfahren. So wie wir in dieser Inkarnation einmal sind, wie das normale Leben nun einmal abläuft, sind uns unsere Schmerzen, unsere Leiden etwas Fatales, etwas, was wir in gewisser Beziehung gern von uns hinwegstoßen würden. Tun wir dies einmal probeweise nicht. Nehmen wir probeweise an, wir würden aus einem gewissen Grunde diese Schmerzen, diese Leiden und Hemmnisse selber herbeigeführt haben, denn durch diese früheren Leben, wenn sie wirklich da sind, sind wir in gewisser Weise durch das, was wir getan haben, unvollkommener geworden. Wir werden ja durch die Inkarnationenfolge nicht nur vollkommener, sondern wir werden in einer gewissen Weise auch unvollkommener. Oder sind wir etwa nicht unvollkommener, als wir vorher waren, wenn wir einem Menschen eine Beleidigung, ein Ungemach zugefügt haben? Nicht nur diesem Menschen haben wir etwas zugefügt, wir haben uns selber etwas genommen; wir wären als Gesamtpersönlichkeit mehr wert, wenn wir das nicht getan hätten. Solche Dinge haben wir viele auf unser Kerbholz geschrieben, die wir getan haben, und die, weil wir sie getan haben, unsere Unvollkommenheit begründen. Wenn wir einem Menschen ein Ungemach zugefügt haben und den Wert, den wir vorher gehabt haben, wieder haben wollen, was muß da geschehen? Wir müssen das Ungemach ausgleichen, wir müssen eine ausgleichende Tat in die Welt setzen, müssen irgend etwas erfinden, was sozusagen uns zwingt, etwas zu überwinden. Und wenn wir in dieser Richtung nachdenken über unsere Leiden und Schmerzen, so können wir vielfach sagen: Unsere Leiden, unsere Schmerzen sind geeignet, wenn wir sie überwinden, uns Kraft anzueignen in der Überwindung unserer Unvollkommenheiten. Vollkommener können wir werden durch die Leiden. – Im normalen Menschenleben denken wir ja nicht so; da verhalten wir uns ablehnend gegen die Leiden. Wir können aber sagen: Jeder Schmerz, jedes Leid, jedes Hemmnis im Leben soll eine Andeutung dafür sein, daß wir einen gescheiteren Menschen in uns haben, als wir selber sind. Den Menschen, der wir selber sind, betrachten wir für eine Weile, trotzdem er derjenige ist, der unser Bewußtsein umfaßt, als den weniger gescheiten; aber einen gescheiteren haben wir, der in den Untergründen unserer Seele schlummert. Wir, mit unserem gewöhnlichen Bewußtsein, verhalten uns gegen Schmerzen und Leiden ablehnend, aber der Gescheitere führt uns gegen unser Bewußtsein zu diesen Schmerzen hin, weil wir durch Überwindung dieser Schmerzen etwas abstreifen können. Er führt uns hin zu dem Schmerz und Leid, er weist uns an, das durchzumachen. – Mag sein, daß es zunächst ein harter Gedanke ist, aber er verpflichtet uns ja zu nichts, wir können ihn ja nur einmal probeweise machen. Wir können sagen: Da drinnen in uns ist ein gescheiterer Mensch, der uns zu Leiden und Schmerzen hinführt, zu etwas, was wir im Bewußtsein am liebsten vermeiden möchten. Davon denken wir, daß es der Gescheitere in uns ist. Auf diese Weise kommen wir zu dem für manchen störenden inneren Ergebnis, daß der Gescheitere uns immer zu dem uns Unsympathischen hinführt!

Wir wollen also einmal annehmen, es sei solch ein Gescheiterer in uns, der uns zu dem uns Unsympathischen hinführt, damit wir vorwärtskommen.

Wir machen aber noch etwas anderes. Nehmen wir unsere Freuden, unsere Förderungen, unsere Lust und sagen wir von diesen wiederum probeweise: Wie wäre es, wenn du dir die Vorstellung bildetest, gleichgültig, wie es in Wahrheit sich verhält: Du hast deine Lust, deine

Freude, deine Förderungen gar nicht verdient, sie sind dir durch Gnade der höheren geistigen Mächte zugekommen. – Es braucht dies nicht für alles der Fall zu sein, aber probeweise wollen wir annehmen, wir hätten alle Schmerzen und Leiden so herbeigeführt, daß der Gescheitere in uns zu ihnen uns hingeführt hätte, weil wir anerkennen, daß wir sie infolge unserer Unvollkommenheiten notwendig haben und doch nur durch Schmerzen und Leiden hinauskommen können über unsere Unvollkommenheiten. Und dann wollen wir probeweise das Gegenteilige annehmen: wir schreiben uns unsere Freuden so zu, als ob sie nicht unser Verdienst wären, sondern als ob sie uns von geistigen Mächten gegeben worden wären.

Es mag wiederum für manchen eitlen Menschen eine bittere Pille sein, so zu denken. Aber probeweise das durchzumachen, ist durchaus etwas, das, wenn der Mensch in seinem Gemüt ganz intensiv solcher Vorstellung fähig ist, zu der Grundempfindung führt, weil es sich wiederum verwandelt und insofern es unrichtig ist, sich von selber rektifiziert: In dir lebt etwas, was nichts zu tun hat mit dem gewöhnlichen Bewußtsein, was tatsächlich tiefer ist, als was du in diesem Leben bewußt erfahren hast; es ist also etwas in dir, was ein gescheiterer Mensch in dir ist, der sich gern an die ewigen göttlich-geistigen Mächte wendet, die die Welt durchleben. – Da wird dann im inneren Leben selber zur Gewißheit, daß hinter der äußeren eine innere, höhere Individualität liegt. Wir werden uns des ewigen geistigen Wesenskernes durch solche Gedankenübungen bewußt. Das ist außerordentlich bedeutsam. Damit haben wir wiederum etwas, von dem wir sagen können, wir können es ausführen.

Anthroposophie kann eben in jeder Beziehung eine Anweisung sein, um nicht nur irgend etwas zu wissen über das Dasein einer anderen Welt, sondern um in sich selber sich als einen Angehörigen einer anderen Welt zu fühlen, um sich als eine solche Individualität zu fühlen, die durch die aufeinanderfolgenden Inkarnationen hindurchgeht.

Es gibt noch eine dritte Art von Erlebnissen. Bei dieser dritten Art wird es allerdings schon schwieriger sein, sie sozusagen zu benützen, um wirklich zu einer Art von innerer Erfahrung von Karma und Reinkarnation zu kommen. Aber wenn es auch schwierig und langwierig ist, das, was jetzt gesagt werden soll, es kann wiederum so benützt werden, daß es probeweise genommen wird. Und im redlichen Anwenden auf das äußere Leben wird sich schon herausstellen – zunächst die Wahrscheinlichkeit, wenn man es glauben kann, dann aber die immer grössere Gewißheit –, daß wirklich in dieser Weise unser gegenwärtiges Leben mit dem vorhergehenden zusammenhängt.

Wir wollen einmal annehmen, wir durchleben unser gegenwärtiges Leben zwischen Geburt und Tod, und wir machen uns einmal klar, wenn wir, sagen wir, schon so weit sind, daß wir die Dreißigerjahre erreicht oder überschritten haben – wir werden schon sehen, daß auch für diejenigen, die jetzt noch nicht so weit sind, es später entsprechende Erlebnisse geben wird –, wir besinnen uns darauf, wie wir gerade um die Dreißigerjahre mit diesen oder jenen Menschen in der Außenwelt zusammengeführt worden sind; wir sind in den Dreißigerjahren bis zum vierzigsten Jahr in den verschiedenen Lebensverbindungen zusammengeführt worden mit Menschen der äußeren Welt. Da stellt sich für uns heraus, daß uns die Verbindungen, die wir da geschlossen haben, so erscheinen, als ob wir sie, man möchte sagen, in unserem lebensreifsten Zustande gemacht hätten, so daß wir wirklich ganz als reife Menschen am allermeisten dabei waren. Das kann sich uns durch Überlegung ergeben. Eine Überlegung, die aber aus den Grundsätzen, den Erkenntnissen der Geisteswissenschaft heraus gewonnen worden ist, kann uns doch darauf führen, daß das richtig ist, was jetzt von mir nicht bloß aus solcher Erwägung heraus gesprochen, sondern aus der geisteswissenschaftlichen Forschung heraus mitgeteilt wird. Also, was ich jetzt sage, ist nicht bloß aus Gedanken logisch gefunden, sondern durch die geisteswissenschaftliche Forschung festgestellt worden, aber logisches Denken kann die Tatsache erhärten und vernünftig finden. Wenn man so nachdenkt über mancherlei, was wir gelernt haben zum Beispiel über die Art, wie die verschiedenen einzelnen menschlichen Glieder herauskommen im Verlaufe des Lebens – wir wissen, daß im siebenten Jahre der Ätherleib, im vierzehnten Jahre der Astralleib, im einundzwanzigsten Jahre die Empfindungsseele, im achtundzwanzigsten Jahre die Verstandes- und im fünfunddreißigsten Jahre die Bewußtseinsseele herauskommt –, wenn wir dieses überdenken, dann können wir sagen: In der Zeit vom dreißigsten bis zum vierzigsten Jahre haben wir es zu tun mit der Ausbildung der Verstandes- und der Bewußtseinsseele.

Die Verstandes- und die Bewußtseinsseele, sie sind diejenigen Kräfte in der menschlichen Natur, welche uns am allermeisten zusammenführen mit der äußeren physischen Welt, denn sie sind dazu da, daß sie gerade in demjenigen Lebensalter besonders herauskommen, in dem wir am allermeisten im Wechselverkehr mit der äußeren physischen Welt stehen. Im ersten Kindheitsalter werden die Kräfte unseres physischen Leibes herausdirigiert, herausbestimmt, verursacht aus dem, was noch im Inneren unmittelbar verschlossen ist. Was der Mensch sich als Ursachen angeeignet hat in vorhergehenden Inkarnationen, was durchgegangen ist mit uns durch die Pforte des Todes, was wir an geistigen Kräften gesammelt haben, was wir aus dem früheren Leben mitbringen, das wirkt und webt am Aufbau unseres physischen Leibes. Es wirkt fortwährend unsichtbar vom Inneren heraus in den Leib hinein. Mit dem fortschreitenden Lebensalter wird diese Einwirkung immer geringer; immer mehr rückt die Lebenszeit heran, da die alten Kräfte den Leib so hergestellt haben. Und dann kommt die Zeit, wo wir der Welt mit einem fertigen Organismus gegenüberstehen. Was wir im Inneren tragen, hat seine Ausprägung erfahren in unserem äußeren Leibe. Wir treten um das dreißigste Jahr herum – es kann auch etwas früher oder etwas später sein – der Welt am allerphysischsten entgegen, wir stehen da mit der Welt so in Beziehung, daß wir am allerverwandtesten sind mit dem physischen Plan. Wenn wir nun da glauben, am allermeisten Klarheit, äußere physische Klarheit zu haben über die Lebensverhältnisse, die wir da anknüpfen, so müssen wir sagen: diese Lebensverhältnisse, die wir da anknüpfen, sind diejenigen, die für diese Inkarnation eigentlich am wenigsten zusammenhängen mit dem, was im Innersten in uns wirkt und webt von unserer Geburt aus. Dennoch können wir annehmen, daß wir durchaus nicht aus Zufall um das dreißigste Jahr herum mit Menschen zusammengeführt werden, welche gerade dann in unserer Umgebung auftreten müssen. Wir können vielmehr annehmen, daß auch da unser Karma am Werk ist, daß auch diese Personen etwas mit einer unserer früheren Inkarnationen zu tun haben.

Und da zeigen die geisteswissenschaftlichen Tatsachen, die verschiedentlich erforscht sind, daß sehr häufig die Personen, mit denen wir zusammenkommen um das dreißigste Jahr herum, in früheren Inkarnationen so mit uns verwoben sind, daß wir mit ihnen zusammenhängen können, meistens am Anfang der unmittelbar vorhergehenden Inkarnation oder auch noch früher, als Eltern oder Geschwister. Das ist zunächst eine merkwürdige, überraschende Tatsache. Es muß nicht so sein, aber viele Fälle zeigen der geisteswissenschaftlichen Forschung, daß es so ist, daß tatsächlich unsere Eltern, die Personen, die beim Ausgangspunkt unseres vorhergehenden Lebens uns zur Seite gestanden haben, die uns in den physischen Plan hineingestellt haben, denen wir später entwachsen sind, daß die mit uns karmisch so verwoben sind, daß sie in unserem neuen Leben nicht in unserer Kindheit wieder mit uns zusammengeführt werden, sondern erst dann, wenn wir am meisten auf den physischen Plan herausgetreten sind. Es muß nicht so sein, denn die geisteswissenschaftliche Forschung zeigt sehr häufig, daß wir erst in einer nächsten Inkarnation zusammengeführt werden mit solchen als Eltern, als Geschwister, überhaupt als Blutsverwandte in Frage Kommenden, mit denen wir in dieser Inkarnation um die Dreißigerjahre herum uns zusammenfanden. Also die Bekanntschaften um die Dreißigerjahre herum in irgendeiner Inkarnation können sich so stellen, daß die Personen, die in Betracht kommen, mit uns selber blutsverwandt sind in vorhergehender oder nachfolgender Inkarnation. Wir können also sagen: Mit den Persönlichkeiten, mit denen dich das Leben zusammenführt in den Dreißigerjahren, mit denen warst du entweder wie mit Eltern und Geschwistern zusammen in einer vorhergehenden Inkarnation, oder du kannst voraussetzen, daß sie in einer der nächsten Inkarnationen mit dir in solcher Eigenschaft zusammenhängen.

Auch das Umgekehrte gilt. Wenn wir diejenigen Persönlichkeiten betrachten, die wir uns willkürlich durch äußere Kräfte, die für den physischen Plan geeignet sind, am wenigsten wählen, also unsere Eltern und Geschwister, mit denen wir am Anfang unseres Lebens zusammentrafen, wenn wir diese ins Auge fassen, kommen wir sehr häufig darauf, daß wir gerade die Personen, die uns hereingeleiten von der Kindheit an ins Leben, um die Dreißigerjahre herum in einer anderen Inkarnation wie willkürlich mit unseren Kräften selber ausgewählt haben; mit anderen Worten, daß wir in der Mitte des vorhergehenden Lebens die ausgewählt haben, die jetzt unsere Eltern und Geschwister geworden sind.

Besonders interessant ist also die Tatsache, die sich merkwürdigerweise herausstellt, daß die Sache nicht so liegt, daß wir in aufeinanderfolgenden Inkarnationen in den gleichen Verhältnissen sind mit den Persönlichkeiten, mit denen wir zusammenkommen; auch daß wir nicht in den entsprechenden Lebensaltern wie vorher mit ihnen zusammentreffen. Auch nicht gerade das Umgekehrte ist der Fall: nicht die Persönlichkeiten, mit denen wir am Lebensende zusammentrafen, stehen in einer anderen Inkarnation in Beziehung zu unserem Lebensanfang, sondern die Persönlichkeiten, mit denen wir in der Lebensmitte zusammentreffen. Also weder die jetzt am Lebensanfang noch die am Lebensende mit uns zusammenkommenden Persönlichkeiten, sondern die jetzt in der Mitte des Lebens mit uns in Berührung kommenden Persönlichkeiten waren am Anfang einer vorhergehenden Inkarnation als unsere Blutsverwandten um uns. Die damals im Lebensanfang mit uns zusammen waren, die treten jetzt in der Mitte unseres Lebens auf; und die jetzt am Anfang unseres Lebens um uns sind, von denen können wir voraussetzen, daß wir uns mit ihnen in der Mitte einer der nächsten Inkarnationen zusammenfinden, daß sie als unsere frei gewählten, irgendwo gewählten Lebensgenossen mit uns in Zusammenhang kommen werden. So merkwürdig sind die karmischen Zusammenhänge.

Was ich jetzt gesagt habe, das sind Dinge, welche die geisteswissenschaftliche Forschung ergibt. Aber ich habe schon darauf aufmerksam gemacht, daß, wenn man auf die Art und Weise, wie das die geisteswissenschaftliche Forschung zeigt, die inneren Zusammenhänge zwischen Lebensanfang unserer einen und Lebensmitte unserer anderen Inkarnation betrachtet, man begreift, daß das nicht etwas Unsinniges oder Unnützes ist. Die andere Seite ist eben die, daß durch solche Dinge, wenn sie an uns herangebracht werden und wenn wir uns vernünftig dazu stellen, das Leben hell und klar wird. Es wird hell und klar, wenn wir nicht alles einfach hinnehmen, man möchte sagen dumpf, um nicht zu sagen dumm; es wird hell und klar, wenn man versucht, das, was uns im Leben trifft, irgendwie so zu begreifen, so auffassen zu wollen, daß wir die Beziehungen zu konkreten machen, die ja doch noch nicht ganz verständlich sind, so lange man nur ganz abstrakt im allgemeinen von Karma spricht.

Es ist nützlich, darüber nachzudenken: Woher kommt es, daß wir in der Mitte unseres Lebens förmlich durch Karma getrieben werden, scheinbar mit aller Verstandeskraft diese oder jene Bekanntschaft zu machen, von der wir sagen können: scheint es nicht, als ob sie unabhängig, objektiv geschlossen wäre? – Das liegt eben daran, daß solche Persönlichkeiten im früheren Leben blutsverwandt mit uns waren und durch unser Karma jetzt mit uns zusammengeführt werden, weil wir etwas mit ihnen zu tun haben.

Wenn wir jedesmal solche Erwägungen anstellen gegenüber dem Verlauf des eigenen Lebens, werden wir sehen, daß wirklich Licht in unser Leben hineinkommt. Wenn wir uns auch einmal irren, und selbst wenn es zehnmal unrichtig ist: bei irgendeinem Menschen, den wir im Leben treffen, können wir doch auf das Richtige verfallen. Und wenn wir aus solchen Erwägungen heraus sagen: Diesen Menschen haben wir da oder dort getroffen –, so ist ein solcher Gedanke etwas, das uns wie ein Wegweiser zu anderen Dingen führt, die uns sonst nicht aufgefallen wären und die uns durch ihr Zusammenfallen immer mehr und mehr Gewißheit verschaffen von der Richtigkeit der einzelnen Tatsachen.

Die karmischen Zusammenhänge sind eben nicht solche, die sich durch *einen* Schlag gewinnen lassen. Wir müssen die höchsten Erkenntnisse des Lebens, die wichtigsten unser Leben erhellenden Erkenntnisse langsam und allmählich erwerben. Daran wollen allerdings die Menschen nicht gern glauben. Es ist leichter zu glauben, daß man durch irgendeinen Lichtblitz finden könnte: Mit diesen und jenen Persönlichkeiten war ich in einem früheren Leben zusammen, oder dieser oder jener war ich selber. – Daß das alles langsam erworbene Erkenntnisse sein müssen, ist vielleicht unbequem zu denken, aber dennoch ist es so. Selbst wenn wir schon den Glauben hegen, daß es so sein könnte, müssen wir noch immer weiterforschen, und unser Glaube wird dann Gewißheit annehmen. Selbst für das, was schon mehr und mehr Wahrscheinlichkeit erweckt auf diesem Gebiete, kommen wir durch Forschen weiter. Wir vermauern uns die geistige Welt, wenn wir uns auf solchen Gebieten auf rasches Urteilen einlassen.

Versuchen Sie einmal nachzudenken über das, was heute gesagt worden ist über die Bekanntschaften in der Mitte unseres Lebens und ihren Zusammenhang mit uns näherstehenden Persönlichkeiten in einer vorhergehenden Inkarnation. Sie werden dabei auf sehr fruchtbare Gedanken kommen; namentlich wenn man das gerade noch in Betracht zieht, was gesagt ist in der Schrift über «Die Erziehung des Kindes vom Gesichtspunkte der Geisteswissenschaft». Dann zeigt sich klar und deutlich, daß das Ergebnis Ihres Nachdenkens mit dem in dieser Schrift Gesagten in Einklang steht.

An das heute Gesagte muß aber noch eine ernstliche Mahnung geknüpft werden: Der wirkliche Geistesforscher hütet sich davor, Schlüsse zu ziehen; er läßt die Dinge an sich herankommen. Wenn sie da sind, prüft er sie erst mit der gewöhnlichen Logik. Dann kann etwas nicht passieren, was mir vor kurzem erst wieder einmal gegenübertrat und was recht charakteristisch ist für die Art, wie man sich heute der Anthroposophie entgegenstellen möchte. Da sagte mir ein sehr gescheiter Herr – ich sage das ohne alle Ironie, mit vollständigem Bekenntnis, daß er wirklich ein gescheiter Herr ist –: Wenn ich lese, was in Ihrem Buch «Geheimwissenschaft im Umriß» steht, so muß ich sagen, es erscheint das so logisch, so im Zusammenhang mit dem, was die Welt sonst noch an Tatsachen zeigt, daß ich gestehen muß, man könnte auf diese Dinge auch durch bloßes Nachdenken kommen. Diese Dinge brauchen nicht das Ergebnis übersinnlicher Forschung zu sein. Was in diesem Buch gesagt ist, sind gar keine zweifelhaften Sachen; sie stimmen mit der Wirklichkeit überein. – Ich konnte diesem Herrn die Versicherung geben, daß ich nicht glaube, daß ich durch bloßes Nachdenken darauf gekommen wäre, und daß ich bei allem Respekt vor seiner Gescheitheit auch nicht glaube, daß er durch bloßes Nachdenken diese Tatsachen gefunden hätte. Es ist schon wirklich so, daß alles, was logisch eingesehen werden kann auf geisteswissenschaftlichem Gebiet, wirklich nicht durch bloßes Nachdenken gefunden werden könnte! Daß man eine Sache logisch prüfen und begreifen kann, sollte doch noch kein Grund sein, an ihrem geisteswissenschaftlichen Ursprung zu zweifeln! Ich meine im Gegenteil, daß es eine Art von Beruhigung sein müßte, daß geisteswissenschaftliche Mitteilungen durch logisches Nachdenken als unzweifelhaft richtig erkannt werden können. Es kann schon nicht der Ehrgeiz des Geistesforschers sein, lauter unlogische Dinge zu sagen, damit er Glauben finde. Sie sehen, daß der Geistesforscher selber nicht auf dem Boden stehen kann, er finde diese Dinge durch Nachdenken. Aber wenn man nachdenkt über die auf geisteswissenschaftlichem Wege gefundenen Dinge, können sie so logisch erscheinen, daß sie zu logisch scheinen, so daß man gar keinen Glauben mehr an die geisteswissenschaftlichen Quellen findet, aus denen die Dinge stammen. So ist es tatsächlich bei allen Dingen, von denen gesagt ist, daß sie auf dem Boden reiner geisteswissenschaftlicher Forschung entstanden sind.

Wenn Ihnen auch zunächst das, was heute hier gesagt worden ist, grotesk erscheint, so versuchen Sie jetzt doch einmal, über die Dinge logisch nachzudenken. Ich würde wahrhaftig nicht, wenn mich nicht geistige Tatsachen dazu geführt hätten, aus dem gewöhnlichen logischen Denken es abgeleitet haben, aber nachdem es einmal da ist, kann man es logisch prüfen. Und da wird man sehen: je subtiler, je gewissenhafter man mit der Prüfung zu Werke geht, desto mehr wird sich herausstellen, daß alles stimmt. Selbst von solchen Dingen, bei denen man nicht prüfen kann, ob sie richtig sind, wie das, was heute gesagt worden ist über Eltern und Geschwister des einen Lebens und die Bekanntschaften in der Mitte des anderen Lebens, wird man schon aus der Art, wie die verschiedenen Glieder in den Zusammenhängen sich verhalten, finden müssen, daß sie einen im höchsten Grad nicht nur wahrscheinlichen, sondern einen bis an die Gewißheit grenzenden Eindruck machen. Und namentlich stellt sich eine Gewißheit als begründet heraus, wenn man die Dinge am Leben prüft. Man wird bei so manchen Persönlichkeiten, die man trifft, das eigene Verhalten und das der anderen in einem ganz anderen Lichte sehen, wenn man gleichsam jemandem, den man in der Mitte des Lebens findet, so gegenübersteht, als ob man im vorhergehenden Leben zusammen Geschwister gewesen wäre. Und dadurch wird das ganze Verhältnis viel fruchtbarer werden, als wenn man nur dumpf durchs Leben schreitet.

So können wir sagen: Anthroposophie wird immer mehr nicht nur etwas, was Wissen und Erkenntnis gibt vom Leben, sondern was uns auch Anweisung gibt, wie wir die Verhältnisse des Lebens auffassen und lichtvoll nicht nur für uns selber, sondern auch für unser Verhalten gegenüber dem Leben und für unsere Lebensaufgabe machen können. Es ist das wichtig, daß wir nicht glauben, wir verderben uns das unmittelbare Drauflosleben. Nur ängstliche Menschen, die es nicht ganz ernst meinen mit dem Leben, können das glauben. Wir aber sollen uns klar sein, daß dadurch, daß wir das Leben genauer kennenlernen, wir das Leben auch fruchtbarer, inhaltsreicher machen. Was im Leben an uns herantritt, das soll durch Anthroposophie in einen Gesichtskreis gerückt werden, durch den alle Kräfte reicher, zuversichtlicher, hoffnungserweckender werden, als sie waren, bevor sie in diesen Gesichtskreis gerückt worden sind.

ZWEITER VORTRAG

Stuttgart, 21. Februar 1912

Es waren gestern Fragen, die das menschliche Karma berührten, welche wir zur Sprache zu bringen hatten, und zwar wurde versucht, diese Fragen des menschlichen Karmas so zu behandeln, daß sie uns erscheinen in Anknüpfung an innere Vorgänge der menschlichen Seele; man möchte sagen, daß sie uns erscheinen in Anknüpfung an etwas Erreichbares. Denn es wurde darauf aufmerksam gemacht, daß man gewisse Dinge sozusagen probeweise in seinem Seelenleben einrichten könne und daß man dadurch in seinem Seelenleben gewisse innere Erfahrungen hervorrufen kann, welche zu einer ganz bestimmt ausgesprochenen Überzeugung von der Wahrheit des Karmagesetzes führen müssen. Wenn wir solche Fragen immer wieder und wieder in die Gesichtskreise unserer anthroposophischen Betrachtung rücken, so ist dies durchaus nichts irgendwie Willkürliches, sondern es hängt damit zusammen, daß ja immer mehr und mehr wird erkannt werden müssen, wie sich das, was wir Anthroposophie im wahren, echten Sinne des Wortes nennen, zum Leben und zu der ganzen menschlichen Entwickelung verhält. Man kann sich ja zweifellos eine wenigstens annähernd richtige Vorstellung davon bilden, wie alles menschliche Leben nach und nach verändert werden muß, wenn erst eine größere Anzahl von Personen die Überzeugung, die ja zugrunde liegt solch einer Betrachtung wie der gestrigen, zu der ihrigen machen wird. Das Leben muß sich dadurch, daß die Menschen sich durch die Durchdringung solcher Wahrheiten anders zum Leben stellen, in gewisser Weise ändern. Und wir kommen dadurch zu der außerordentlich wichtigen Frage, die eine Gewissensfrage sein müßte für diejenigen Persönlichkeiten, die sich der anthroposophischen Bewegung einfügen, wir kommen zu der Frage: Was macht eigentlich einen Menschen der Gegenwart zum Anthroposophen?

Nun ist ja sehr leicht ein Mißverständnis möglich, wenn man diese Frage in einer entsprechenden Weise zu beantworten versucht, denn es verwechseln ja heute noch sehr viele Persönlichkeiten, auch solche Persönlichkeiten, die zu uns gehören, die anthroposophische Bewegung mit irgendeiner äußeren Organisation. Nichts soll gesagt werden gegen eine solche äußere Organisation, die ja in gewisser Beziehung da sein muß, damit auf dem physischen Plane die Pflege der Anthroposophie möglich sei; aber wichtig ist es, sich klar darüber zu werden, daß zu einer solchen äußeren Organisation im Grunde genommen alle diejenigen Menschen gehören können, die in ernster, aufrichtiger Weise ein tieferes Interesse haben an den Fragen des Geisteslebens und die ihre Weltanschauung im Sinne einer solchen Bewegung des Geisteslebens vertiefen wollen. Damit ist schon gesagt, daß keinerlei Dogma, keinerlei positives Bekenntnis gefordert werden muß von denjenigen, welche sich einer so charakterisierten Organisation anschließen. Aber ein anderes ist es, einmal klipp und klar hinzuweisen auf dasjenige, was den modernen Menschen, den Menschen unserer Gegenwart, eigentlich zum Anthroposophen macht.

Die gewöhnliche Überzeugung, daß man es zu tun habe mit einer geistigen Welt, sie ist gewiß der Anfang der anthroposophischen Überzeugung, und sie muß immer da betont werden, wo man die Anthroposophie hinausträgt in die Öffentlichkeit und von ihren Aufgaben, ihren Zielen, ihrer gegenwärtigen Mission gegenüber der Öffentlichkeit spricht. Aber innerhalb der eigentlichen anthroposophischen Kreise muß man sich doch klar werden, daß etwas viel Bestimmteres, viel Ausgesprocheneres als nur die Überzeugung von einer geistigen Welt den Anthroposophen ausmacht. Denn schließlich hat man diese Überzeugung von einer geistigen Welt immer gehabt in denjenigen Kreisen, die nicht geradezu materialistisch waren. Das, was den gegenwärtigen Menschen zum Anthroposophen macht, was im Grunde genommen noch nicht in der Theosophie zum Beispiel des *Jakob Böhme* oder eines anderen Theosophen der Vorzeit enthalten war, ist etwas, worauf die Kultur unseres Abendlandes mit aller Gewalt hingearbeitet hat; auf der einen Seite so, daß geradezu dieses Hinarbeiten zu einer charakteristischen Eigenschaft des Strebens vieler Menschen geworden ist. Und auf der anderen Seite steht dem gegenüber die Tatsache, daß dieses, was so eigenartig den Anthroposophen als solchen charakterisiert, heute noch von der äußeren Kultur, der äußeren menschlichen Bildung am allermeisten angefochten wird, als etwas Törichtes angesehen wird.

Gewiß, wir lernen vieles durch die Anthroposophie kennen. Wir lernen kennen die Entwickelung der Menschheit, wir lernen kennen selbst die Entwickelung unserer Erde und unseres Planetensystems. Alle diese Dinge gehören zu den Grundlagen des anthroposophisch Strebenden. Aber das hier Gemeinte, besonders Bedeutsame für den Anthroposophen der Gegenwart ist das Erringen einer Überzeugung in bezug auf die Fragen von Reinkarnation und Karma. Und die Art und Weise, wie die Menschen sich aneignen werden diese Überzeugung von Reinkarnation und Karma, wie sie die Möglichkeit finden werden, den Gedanken von Reinkarnation und Karma in das allgemeine Leben überzuführen, das wird eben dieses moderne Leben von der Gegenwart in die Zukunft hinein im wesentlichen umgestalten. Es wird ganz neue Lebensformen, ein ganz neues menschliches Zusammenleben schaffen; ein solches Zusammenleben aber, wie es notwendig ist, wenn die Kultur der Menschheit nicht dem Niedergang verfallen soll, sondern wirklich aufwärtssteigen, vorwärtsgehen soll. Solche Erwägungen, solche inneren Seelenerlebnisse, wie sie gestern hervorgehoben worden sind, kann im Grunde genommen jeder moderne Mensch schon machen; und wenn er nur genügend Energie und Tatkraft hat, so wird er schon zu einer inneren Überzeugung der Wahrheit von Reinkarnation und Karma kommen. Demjenigen aber, was wahre Anthroposophie eigentlich wollen soll, dem steht gegenüber, man möchte sagen, der ganze äußere Grundcharakter unserer gegenwärtigen Zeit.

Dieser Grundcharakter unserer gegenwärtigen Zeit, er drückt sich vielleicht in keiner Tatsache so radikal charakteristisch aus als darin, daß man immerhin ein mehr oder weniger großes Interesse an den Zentralfragen finden kann, die sich auf religiöse Dinge beziehen, die sich beziehen auf die Entwickelung des Menschen und der Welt; auch auf Karma und Reinkarnation. Man wird mit solchen Fragen auch noch, wenn sie sich erstrecken auf dasjenige, was die einzelnen positiven Lehren der einzelnen Religionsbekenntnisse sind – sagen wir in bezug auf die Natur des Buddha oder des Christus –, man wird mit der Besprechung solcher Fragen heute immerhin noch ein weites Interesse finden. Aber dieses Interesse wird wesentlich schwächer, läßt nach; läßt auch bei denjenigen, die sich heute Anthroposophen nennen, recht sehr nach, wenn davon gesprochen wird im einzelnen Konkreten, wie sich Anthroposophie einleben soll in alle Einzelheiten des äußeren Lebens. Es ist das ja im wesentlichen sehr begreiflich. Der Mensch steht im äußeren Leben drinnen, der eine hat diese, der andere jene Position in der Welt. Man möchte sagen, daß so, wie die Welt sich darlebt mit ihren heutigen Ordnungen, es sich fast ausnimmt wie ein großes Etablissement; der einzelne Mensch ist darin wie ein Triebrad. So fühlt er sich in dieser Welt mit seiner Arbeit, seinen Sorgen, mit dem, was ihn beschäftigt vom Morgen bis zum Abend, und er weiß nichts anderes, als daß er sich dieser äußeren Weltordnung zu fügen hat.

Daneben tritt dann die Frage auf, die für jede Seele da sein muß, die nur ein wenig aufzublicken vermag von dem, was der Alltag ihr gibt, die Frage nach dem Schicksal der Seele, nach dem Anfang und Ende des Seelenlebens, nach dem Zusammenhang mit den göttlich-geistigen Wesenheiten, nach den Kräften der Welt. Und zwischen dem, was dem Menschen der Alltag zu geben hat, worüber er Sorge hat und so weiter, und dem, was er auf dem Gebiete der Anthroposophie erhält, tritt ein tiefer Abgrund, eine weite Kluft auf. Und man möchte sagen: Für die meisten Menschen, und auch für die Anthroposophen der Gegenwart, ist dieses Zusammenstimmen ihrer anthroposophischen Überzeugung mit dem, was sie draußen im alltäglichen Leben tun und vorstellen, fast gar nicht vorhanden. Man braucht nur irgendeine konkrete Frage in der Öffentlichkeit aufzuwerfen und im geisteswissenschaftlichen, im anthroposophischen Sinn zu behandeln, so wird man gleich sehen, daß das Interesse, welches für die Behandlung allgemeiner religiöser und ähnlicher Fragen noch vorhanden war, für solche konkrete Fragen nicht da ist. Nun kann man ja nicht verlangen, daß Anthroposophie sich gleich unmittelbar einlebt, daß sie jeder schon in seinen Handgriffen zum Ausdruck bringt. Aber aufmerksam muß darauf gemacht werden, daß die anthroposophische Geisteswissenschaft die Mission hat, gerade alles dasjenige ins Leben einzuführen, dem Leben einzuverleiben, was aus einer Seele folgen muß, welche sich nach und nach die Überzeugung verschafft, daß die Ideen von Reinkarnation und Karma

Realitäten sind. So könnte geradezu hingestellt werden als charakteristisches Kennzeichen des gegenwärtigen Anthroposophen, daß er auf dem Wege ist, sich eine begründete innere Überzeugung vom Walten der Idee von Reinkarnation und Karma anzueignen. Alles übrige, möchte man sagen, ergibt sich daraus dann schon von selber als unmittelbare Konsequenz, als Folgeerscheinung.

Das kann natürlich auch nicht so gehen, daß nun jeder etwa denkt, mit dem, was ich aus Reinkarnation und Karma gewinne, werde ich jetzt unmittelbar das äußere Leben anfassen. Das geht natürlich nicht. Aber Vorstellungen muß man davon gewinnen, wie Reinkarnation und Karma sich in das äußere Leben hineinfinden müssen, so daß sie zu dirigierenden Mächten des äußeren Lebens werden können.

Nehmen wir einmal die Idee des Karma, wie das Karma wirkt durch die verschiedenen Verkörperungen des Menschen hindurch. Da müssen wir, wenn ein Mensch hereintritt in die Welt, seine Fähigkeiten und Kräfte letzten Endes ansehen als das Ergebnis der Ursachen, die er selber in früheren Verkörperungen gelegt hat. Wir müssen, wenn wir konsequent diese Idee durchführen, wirklich jeden Menschen als eine Art von innerem Rätsel behandeln, als etwas, aus dem sich herausarbeiten muß dasjenige, was in den dunklen Untergründen seiner früheren Inkarnationen schwebt. Nicht nur in der Erziehung, sondern im ganzen Leben wird ein ganz bedeutsamer Umschwung herbeigeführt, wenn Ernst gemacht wird mit einer solchen Idee vom Karma. Und es würde, wenn das eingesehen würde, die Idee vom Karma aus einer bloß theoretischen Idee umgewandelt in etwas, was wirklich in das praktische Leben eingreifen muß, was wirklich eine praktische Sache des Lebens werden könnte.

Alles äußere Leben, so wie es sich uns heute darbietet, ist aber überall ein Bild eines solchen menschlichen Zusammenhanges, der geformt und gebildet worden ist mit Ausschluß, ja mit Verleugnung der Idee von Reinkarnation und Karma. Und gleichsam, als ob man verschütten wollte alle Möglichkeiten, daß die Menschen durch die eigene Seelenentwickelung darauf kommen könnten, daß es Reinkarnation und Karma gibt, so ist dieses äußere Leben heute eingerichtet. In der Tat, es gibt zum Beispiel nichts, was so sehr feindlich gesinnt ist einer wirklichen Überzeugung von Reinkarnation und Karma als der Grundsatz des

Lebens, daß man für dasjenige, was man unmittelbar als Arbeit leistet, einen der Arbeit entsprechenden Lohn, der die Arbeit geradezu bezahlt, einheimsen müsse. Nicht wahr, eine solche Rede klingt sonderbar, recht sonderbar! Nun müssen Sie die Sache auch nicht so betrachten, als wenn die Anthroposophie nun gleich radikal die Grundsätze einer Lebenspraxis über den Haufen werfen und über Nacht eine neue Lebensordnung einführen wollte. Das kann nicht sein. Aber der Gedanke müßte den Menschen nahetreten, daß in der Tat in einer Weltordnung, in der man daran denkt, Lohn und Arbeit müßten sich unmittelbar entsprechen, in der man sozusagen durch seine Arbeit dasjenige verdienen muß, was zum Leben notwendig ist, niemals eine wirkliche Grundüberzeugung von Reinkarnation und Karma gedeihen kann. Selbstverständlich muß die bestehende Lebensordnung zunächst so bleiben, denn gerade der Anthroposoph muß einsehen, daß das, was besteht, wiederum durch die Karmaordnung hervorgerufen worden ist, und daß es in dieser Beziehung zu Recht und mit Notwendigkeit besteht. Aber er muß durchaus die Möglichkeit haben zu begreifen, daß sich wie ein neuer Keim innerhalb des Organismus unserer Weltordnung dasjenige entwickelt, was aus der Anerkennung der Idee von Reinkarnation und Karma folgen kann und muß.

Vor allen Dingen folgt aus der Idee des Karma, daß wir nicht durch einen Zufall – das geht gerade aus der gestrigen Betrachtung hervor, wie ich glaube – uns hereingestellt fühlen sollen in die Weltordnung, nicht durch Zufall uns hingestellt fühlen sollen auf den Posten, auf dem wir uns befinden im Leben, sondern daß diesem Hingestelltsein gleichsam eine Art von unterbewußtem Willensentschluß zugrunde liegt; daß wir gewissermaßen, bevor wir in dieses irdische Dasein getreten sind, in das wir uns herausgearbeitet haben aus der geistigen Welt zwischen Tod und Geburt, als Ergebnis unserer früheren Inkarnationen in der geistigen Welt den Willensentschluß gefaßt haben – den wir nur wieder vergessen haben, als wir uns in den Körper einlebten –, uns hinzustellen an den Platz, an dem wir stehen. So daß das Ergebnis eines vorgeburtlichen, vorirdischen eigenen Willensentschlusses uns an unseren Lebensplatz hinstellt und uns ausstattet gerade mit der Neigung für diejenigen Schicksalsschläge, die uns treffen. Wenn der Mensch dann zu der Überzeugung kommt von der Wahrheit des Karmagesetzes, kann es nicht ausbleiben, daß er in gewisser Beziehung beginnt, Neigung, ja vielleicht sogar Liebe zu haben für den Posten der Welt, auf den er sich gestellt hat, welcher Art dieser Posten auch sein mag.

Nun können Sie allerdings sagen: Ja, du sprichst ganz merkwürdige Worte, sonderbare, merkwürdige Worte! Bei Dichtern, Schriftstellern, bei anderen geistig wirkenden Menschen mag dies ja gehen. Da hast du dann, wenn du zu diesen sprichst, gut predigen, daß sie Freude, Liebe, Hingebung haben sollen für den Posten, auf dem sie im Leben stehen. Aber wie ist es denn mit all denjenigen Menschen, welche auf Lebensposten stehen, die wahrhaftig zunächst nicht geeignet sind, mit ihrem Inhalt, ihren Tätigkeiten auf den Menschen sonderlich sympathisch zu wirken, die geeignet sind, in den Menschenseelen die Empfindung hervorzurufen, daß man zu den vernachlässigten, den vom Leben unterjochten Persönlichkeiten gehört? – Wer möchte leugnen, daß ein grosser Teil der gegenwärtigen Kulturbestrebungen darauf hinausgeht, fortwährend Verbesserungen in unser Leben einzuführen, die sozusagen Abhilfe schaffen können jenem Unzufriedensein mit einem so unsympathischen Hineingestelltsein in das Leben. Wie vielgestaltige Parteiungen, wie viele sektiererische Bestrebungen gibt es, die sozusagen das Leben nach allen Richtungen so verbessern wollen, daß auch in äußerlicher Beziehung eintreten könnte eine Art von Erträglichkeit des gesamten Erdenlebens der Menschheit.

Aber alle diese Bestrebungen rechnen nicht mit dem einen, damit nämlich, daß die Art von Unbefriedigtsein, die für viele Menschen gerade heute aus dem Leben fließen muß, in vielfacher Beziehung zusammenhängt mit dem ganzen Gang der Menschheitsentwickelung, daß im Grunde genommen durch die Art und Weise, wie sich die Menschen in der Vorzeit entwickelt haben, sie zu einem solchen Karma gekommen sind, und daß aus dem Zusammenwirken dieser verschiedenen Karmen der heutige Zustand der menschlichen Kulturentwickelung mit Notwendigkeit hervorgegangen ist. Und wenn wir diesen Zustand der Kultur charakterisieren wollen, müssen wir sagen, er erweist sich im höchsten Grade als kompliziert. Wir müssen auch sagen, daß das, was der Mensch tut, was er ausführt, immer weniger zusammenhängt mit dem, was der Mensch liebt. Und wenn man heute die Menschen abzählen würde, die eine von ihnen ungeliebte Betätigung in ihrer äusseren Lebensposition vollbringen müssen, ihre Zahl würde wahrhaftig weit größer sein als die Zahl derjenigen, die sich dazu bekennen: Ich kann nicht anders sagen, als daß ich meine äußere Betätigung liebe, daß sie mich glücklich und zufrieden macht!

Erst vor kurzem hörte ich, wie ein Mensch zu einer befreundeten Persönlichkeit merkwürdige Worte sprach. Er meinte: Überblicke ich mein Leben mit allen Einzelheiten, so muß ich sagen, wenn ich dieses Leben im gegenwärtigen Augenblicke wiederum von Kindheit an beginnen sollte und es gerade so durchleben könnte, wie ich es haben möchte, ich würde das gleiche wiederum tun, was ich bis jetzt getan habe. – Da antwortete die befreundete Persönlichkeit: Dann gehören Sie zu den Menschen, die in der Gegenwart am wenigsten zu finden sind. – Wahrscheinlich hat diese Persönlichkeit in bezug auf die meisten Menschen der Gegenwart recht. Es gibt nicht viele Zeitgenossen, die den Ausspruch fällen, sie würden, wenn es auf sie ankäme, das Leben mit all dem, was es an Freude, an Schmerz, an Schicksalsschlägen, an Hemmnissen gebracht hat, sogleich wiederum beginnen und wären ganz zufrieden, wenn es ihnen wiederum genau dasselbe bieten würde. Man kann nicht sagen, daß diese Tatsache, die angeführt worden ist, nämlich daß es so wenig Menschen gibt in der Gegenwart, die sozusagen ihr gegenwärtiges Karma wiederum aufnehmen würden mit allen Einzelheiten, nicht zusammenhänge mit alledem, was der heutige Kulturzustand der Menschheit gebracht hat. Unser Leben ist komplizierter geworden, aber es ist so geworden, wie es ist, durch die verschiedenartigen Karmen der einzelnen heute auf der Erde lebenden Persönlichkeiten. Das ist ganz zweifellos. Für denjenigen, der nur ein wenig hineinsieht in den Gang der Menschheitsentwickelung, liegt die Sache gar nicht so, daß wir etwa in der Zukunft einem Leben entgegengehen könnten, das weniger kompliziert wäre. Im Gegenteil, das Leben wird immer komplizierter und komplizierter werden! Das äußere Leben wird immer komplizierter, und wenn in Zukunft noch so viele Tätigkeiten dem Menschen abgenommen werden durch die Maschinen: Leben, welche die Menschen in dieser physischen Inkarnation beseligen, wird es in sehr geringem Umfang geben können, wenn nicht ganz andere Verhältnisse eintreten als jene, die sich wirksam erweisen in unserer Kultur. Und diese anderen Verhältnisse müssen die sein, die sich ergeben aus dem Durchdrungensein der Menschenseele mit der Wahrheit von Reinkarnation und Karma.

Durch diese Wahrheit wird man erkennen, daß mit der Komplikation der äußeren Kultur etwas noch ganz anderes parallel gehen wird. Was wird notwendig sein, damit die Menschen immer mehr und mehr durchdrungen werden von der Wahrheit von Reinkarnation und Karma? Was wird notwendig sein, damit der Begriff von Reinkarnation und Karma, wie es durchaus sein muß, wenn unsere Kultur nicht einen Niedergang erfahren soll, in verhältnismäßig ganz kurzer Zeit so in unsere Schulbildung hineinwirkt, daß er die Menschen schon in ihrer Kindheit ergreift, wie heute die Überzeugung von der Richtigkeit des kopernikanischen Weltsystems schon das Kind ergreift?

Was war notwendig, damit das kopernikanische Weltsystem die Seelen ergriffen hat? – Mit diesem kopernikanischen Weltsystem ist es eine ganz eigentümliche Sache. Ich will nicht über das kopernikanische Weltsystem sprechen, sondern nur über sein In-die-Welt-Treten. Bedenken Sie doch nur einmal, daß dieses kopernikanische Weltsystem ausgedacht worden ist von einem christlichen Domherrn, und daß *Kopernikus* so über dieses Weltsystem denken konnte, daß er sein Werk, in dem er dieses Weltsystem ausgebaut hatte, dem Papst gewidmet hat. Er konnte glauben, daß es ganz im Sinne des Christentums sei, was er ausgedacht hatte. Gab es damals einen Beweis für den Kopernikanismus? Konnte jemand das beweisen, was Kopernikus ausgedacht hatte? Niemand konnte den Kopernikanismus beweisen. Und dennoch, bedenken Sie die Schnelligkeit, mit der er eingezogen ist in die Menschheit! Seit wann kann man ihn erst beweisen? Einigermaßen sicher erst, soweit er richtig ist, seit den fünfziger Jahren des 19. Jahrhunderts, erst seit dem *Foucault*schen Pendelversuch. Es gab früher keinen Beweis dafür, daß die Erde sich dreht. Es ist ein Unsinn, wenn behauptet wird, daß Kopernikus alles das, was er als Hypothese aufgestellt und eingesehen hat, auch hat beweisen können; das gilt auch hinsichtlich der Behauptung, daß die Erde sich um ihre Achse dreht.

Erst seit man darauf gekommen ist, daß das schwingende Polpendel das Bestreben hat, seine Schwingungsebene auch gegenüber der Umdrehung der Erde beizubehalten, und daß, wenn man ein langes Pendel schwingen läßt, sich dessen Schwingungsrichtung in bezug auf die Erdoberfläche dreht, konnte man den Schluß ziehen: es muß sich die Erde unter dem Pendel weggedreht haben. Dieser Versuch, der eigentlich erst ein wirklicher Beweis dafür ist, daß die Erde sich bewegt, der wurde erst im 19. Jahrhundert gemacht. Früher gab es keine Möglichkeit, den Kopernikanismus als etwas anderes denn als eine Hypothese anzusehen. Dennoch hat er so gewirkt auf die Natur der menschlichen Seele der neueren Zeit, daß, während Kopernikus zwar geglaubt hat, daß er sein Werk dem Papst widmen dürfe, es bis zum Jahre 1822 auf dem Index stand. Erst im Jahre 1822 wurde das Werk, auf dem der Kopernikanismus aufgebaut ist, abgesetzt vom Index. Es wurde also abgesetzt, bevor es einen richtigen Beweis für die Anschauung des Kopernikus gab. Die Kraft des Impulses, mit dem sich das kopernikanische Weltsystem in die menschliche Seele einlebte, dieser Kopernikanismus selbst zwang die Kirche, ihn als etwas anzuerkennen, was nicht etwas Ketzerisches ist.

Es ist mir immer im tiefsten Sinne charakteristisch erschienen, daß mir diese Erkenntnis von der Erdbewegung, als ich ein kleiner Bub war, in der Schule zuerst von einem Pfarrer, nicht von einem Lehrer vorgetragen worden ist. Und wer will daran zweifeln, daß der Kopernikanismus sich eingenistet hat, daß er sich bis in das Kindergemüt eingenistet hat? – Wir wollen aber jetzt nicht von seinen Wahrheiten und seinen Irrtümern sprechen.

So muß sich einnisten – aber dazu hat die Menschheit nicht so lange Zeit wie zur Aufnahme des Kopernikanismus –, wenn nicht die Menschheitskultur einen Niedergang erfahren will, die Wahrheit von Reinkarnation und Karma. Und jene, die sich heute Anthroposophen nennen, sind dazu berufen, das ihrige zu tun, daß die Wahrheit von Reinkarnation und Karma sich bis in das Kindergemüt hinein ergießt. Damit ist natürlich nicht gesagt, daß jetzt jene Anthroposophen, die Kinder haben, nun ihren Kindern dieses als ein Dogma beibringen. Einsicht in diese Dinge muß man haben.

Ich habe nicht umsonst den Kopernikanismus angeführt. An dem, was dem Kopernikanismus seinen Erfolg gebracht hat, können wir lernen, was dem Reinkarnations- und dem Karmagedanken seine Kulturerfolge bringen kann. Was gehörte denn dazu, daß der Kopernikanismus sich so schnell verbreitete? – Ich werde jetzt etwas furchtbar Ketzerisches aussprechen, etwas geradezu Greuliches für den modernen Menschen. Aber es handelt sich eben darum, daß Anthroposophie von den Anthroposophen ebenso ernst und bedeutsam aufgefaßt werde, wie einmal das Christentum bei seinem ersten Entstehen von den ersten Christen aufgefaßt worden ist, die sich auch in Gegensatz gebracht haben zu dem, was da war. Wenn Anthroposophie nicht so ernst genommen wird von ihren Bekennern, so kann sie nicht für die Menschheit leisten, was geleistet werden muß.

Also ich muß etwas Greuliches sagen, und das besteht darin: Der Kopernikanismus, dasjenige, was die Menschen heute lernen als kopernikanisches Weltsystem, dem wahrhaftig nicht sein großes Verdienst und damit seine Bedeutung als Kulturtatsache allerersten Ranges abgesprochen werden soll, konnte sich einnisten in die menschliche Seele dadurch, daß man ein oberflächlicher Mensch sein konnte, um ein Anhänger dieses Systems zu sein. Oberflächlichkeit und Äußerlichkeit gehörten dazu, um sich vom Kopernikanismus schneller zu überzeugen. Damit ist nicht gesagt, daß die Bedeutung des Kopernikus für die Menschheit herabgemindert werden soll. Nein; aber gesagt kann werden, daß man kein sehr tiefer Mensch sein muß, daß man sich nicht verinnerlichen, sondern geradezu sich veräußerlichen muß, um Anhänger des Kopernikanismus zu sein. Und wahrhaftig, es hat ein hoher Grad von Veräußerlichung des menschlichen Gemüts dazu gehört, daß die Menschen solche Sätze finden konnten wie die trivialen, die man in modernen, monistischen Büchern findet, wo man mit einer gewissen Begeisterung sagt: Die Erde, so wie die Menschen sie bewohnen, ist ein Staubkorn im Weltenall den anderen Welten gegenüber. – Das ist eine triviale Tirade, aus dem einfachen Grunde, weil dieses Staubkorn mit allen Einzelheiten die Menschen auf der Erde angeht, und die anderen Dinge, die im Weltall ausgebreitet sind und mit denen die Erde verglichen werden soll, gehen den Menschen wenig an. Ganz veräußerlichen mußte sich die Menschheitsentwickelung, um sozusagen schnell fähig zu werden, den Kopernikanismus anzunehmen.

Was aber muß die Menschheit tun, um sich die Lehre von Reinkarnation und Karma anzueignen? – Erfolg muß diese Lehre viel schneller haben, wenn die Menschheit nicht ihrem Niedergang entgegengehen soll. Aber was ist notwendig, damit sie sich einnistet in das Kindergemüt?

Veräußerlichung war für den Kopernikanismus notwendig, Verinnerlichung ist notwendig, um sich einzuleben in die Wahrheiten von Reinkarnation und Karma; ein Ernst-nehmen-Können solcher Dinge, wie wir sie gestern besprochen haben, ein Eingehen-Können auf innerliche Seelenerfahrungen, auf Intimitäten des Gemütes, auf solche Dinge, die jede Seele in den tiefen inneren Untergründen des eigenen Wesenskernes erleben muß. Was aus dem Kopernikanismus für die gegenwärtige Kultur erfolgt ist, wird heute überall, in allen populären Mitteilungen dargelegt, und man sieht einen ganz besonderen Erfolg darin, daß man dieses alles auch im Bilde, womöglich in kinematographischen Aufnahmen, den Menschen darbieten kann. Schon das charakterisiert die ungeheure Veräußerlichung dieser Kultur.

Man wird wenig zeigen können in Bildern, wird wenig mitteilen können über die Intimitäten jener Wahrheiten, die sich zusammenfassen in den Worten Reinkarnation und Karma. In der Ausbildung und Verinnerlichung solcher Dinge, wie sie gestern ausgesprochen worden sind, liegt es, wie die Menschen darauf kommen werden, daß die Überzeugung von Reinkarnation und Karma begründet ist. So wird der Gegenpol notwendig sein, damit sich die Ideen von Reinkarnation und Karma einleben in die Menschheit, das Gegenteil von dem, was geradezu gang und gäbe ist in der gegenwärtigen äußeren Kultur. Daher muß so darauf gedrungen werden, daß diese Verinnerlichung auch wirklich auf anthroposophischem Felde stattfindet. Wenn es auch zwar nicht geleugnet werden soll, daß gewisse schematische Darstellungen für die Erfassung von Grundwahrheiten durch den Verstand nützlich sein können, so muß doch gesagt werden: Das Wichtigste auf anthroposophischem Felde ist die Hinlenkung auf die in der Tiefe der Seele wirksamen Gesetze, auf dasjenige, was unter den Kräften der Seele in ähnlicher Art innerlich wirkt, wie die äußeren physischen Gesetze draußen in Zeit- und Raumeswelten wirken.

Aber auch von diesen einzelnen Karmagesetzen verstehen die Menschen im Grunde genommen heute noch sehr wenig. Das können wir sozusagen ablesen an Dingen, welche heute immer und immer wiederum von der äußeren Kultur wiederholt werden. Wer würde heute nicht als ein in der äußeren Kultur aufgeklärter Mensch denken, die Menschheit sei hinausgekommen über das Kindheitsstadium, in dem sie geglaubt hat, und die Menschheit sei eingetreten in das Mannesalter, wo sie wissen kann. Solche Reden werden immer wieder und wiederum vordeklamiert, und vieles geht von solchem aus, was die Menschen draußen betört, was aber die Anthroposophen nimmermehr betören sollte, Redensarten wie jene, daß das Wissen den Glauben ablösen müsse.

Aber alle diese Tiraden von Glauben und Wissen rechnen nicht mit solchen Dingen, die man karmische Zusammenhänge nennen kann im Leben. Wenn derjenige, der imstande ist, okkulte Forschungen anzustellen bei besonders gläubigen, hingebungsvoll gläubigen Naturen der Gegenwart, wenn der Umschau hält und sich fragt: Warum ist dieser oder jener Mensch eine besonders gläubige Persönlichkeit? Warum ist die Inbrunst des Glaubens, der Enthusiasmus, warum ist in diesem oder jenem Menschen geradezu ein Genie für religiöse Andacht, für Hinordnung der Gedanken nach der übersinnlichen Welt? – wenn man sich diese Fragen stellt, dann bekommt man eine merkwürdige Antwort. Geht man zurück bei solchen gläubigen Naturen, bei denen vielleicht der Glaube als wichtige Tatsache ihres Lebens sogar erst im späteren Lebensalter auftritt, zu früheren Inkarnationen, so findet man die merkwürdige Tatsache, daß dies Individualitäten sind, die in früheren, in vorhergehenden Inkarnationen Wissende waren. Das Wissen ihrer vorhergehenden Inkarnation, das rationelle Element der Vernunft der früheren Inkarnation hat sich gerade in das Glaubenselement der gegenwärtigen Inkarnation verwandelt. Da haben wir eine jener merkwürdigen karmischen Tatsachen, die sich neben eine andere Tatsache so sonderbar hinstellt: Wenn man nun herantritt an Menschen, die als besonders materialistische Menschen nicht mehr glauben, sondern nur wissen wollen – verzeihen Sie, wenn ich etwas sage, was zwar keinen der Hiersitzenden, wohl aber manchen der Draußenstehenden schokkieren würde, die nur auf das schwören, nur das anzunehmen erklären, was die Sinne und der an das Gehirn beschränkte Verstand darbieten –, so findet man – es ist eine ganze Rätseltatsache – Stumpfsinn in der vorhergehenden Inkarnation. So daß wirkliche Untersuchung der verschiedenen Inkarnationen dieses sonderbare Ergebnis liefert, daß gerade enthusiastische Glaubensnaturen, die nicht fanatisch sind, sondern innerlich feststehen in der Hinordnung ihres Wesens zu den höheren Welten, diesen Glauben der Gegenwart aufbauten auf einem Wissen, das sie sich erworben haben in vorhergehenden Inkarnationen, während man sich das Wissen auf materialistischer Grundlage durch Stumpfheit gegenüber den Weltanschauungen in früheren Inkarnationen erworben hat.

Bedenken Sie, wie die ganze Anschauung des Lebens sich ändert, wenn man so den Blick hinausrichtet von dem, was man in der unmittelbaren Gegenwart erlebt, zu dem, was die menschliche Individualität in ihrem Durchgang durch die verschiedenen Inkarnationen erlebt!

Da nimmt sich manches, worauf der Mensch in der gegenwärtigen Inkarnation stolz ist, sonderbar aus, wenn man es in dem Zusammenhang betrachtet, in der Art, wie es erworben worden ist in der vorhergehenden Inkarnation. Wenn man es vom Standpunkt der Reinkarnation betrachtet, erscheint manches nicht so unglaublich. Man braucht am Menschen nur ins Auge zu fassen, wie er unter dem Einfluß dieser inneren Seelenkräfte in einer Inkarnation sich entwickelt. Man braucht nur die Seelenkraft des Glaubens zu betrachten, die Seelenkraft, die der Mensch haben kann im Glauben an etwas, was sich als Übersinnliches hinaushebt über die gewöhnlichen Sinneserscheinungen. Es mag ein moderner materialistischer Monist sich noch so sehr dagegen stemmen, er mag sagen: Nur das Wissen gilt, der Glaube hat kein sicheres Fundament –, ihm gegenüber gilt eine andere Tatsache, die Tatsache, daß gerade das Seelenverhältnis des Glaubens belebend wirkt auf unseren Astralleib, während die Ungläubigkeit, das Nicht-glauben-Können den Astralleib ausdörrt, ihn vertrocknen läßt. Wie die Nahrung auf den physischen Leib, so wirkt der Glaube auf den Astralleib. Und ist es nicht von Wichtigkeit, einzusehen, was der Glaube für den Menschen, für sein Heil, für seine Seelengesundheit und – weil diese auch das Wirksame für die körperliche Gesundheit ist – für diesen Körper wirkt? Ist es nicht sonderbar, wenn man auf der einen Seite den Glauben abschaffen und dem Wissen Platz machen will, und wenn auf der anderen Seite das gilt, daß ein Mensch, der nicht glauben kann, einen ausgetrockneten, verdorrten Astralleib bekommen muß? Wenn das wirklich ins Auge gefaßt werden soll, so kann das geschehen, wenn man nur das *eine* Leben betrachtet. Denn, zu erkennen, daß ein glaubensloser Mensch einen ausgetrockneten Astralleib bekommt, dazu braucht man nicht aufeinanderfolgende Inkarnationen zu überblicken, es genügt, den Menschen in einer Inkarnation zu überblicken. Wir können also sagen: Glaubenslosigkeit verdorrt unseren Astralleib, wir machen uns arm durch Glaubenslosigkeit; in der nachfolgenden Inkarnation trocknen wir unsere Individualität aus. Wir werden durch die Glaubenslosigkeit stumpf für die nächste Inkarnation und unfähig, ein Wissen zu erwerben. Es ist eine eitle, trockene, nüchterne Logik, wenn man Wissen in Gegensatz bringt zum Glauben. Für denjenigen, der in die Dinge hineinsieht, haben all die Trivialitäten, die über Glauben und Wissen vorgebracht werden, ungefähr die Bedeutung, die eine Diskussion hätte zwischen zwei Menschen, von denen der eine behauptete, bis jetzt hätten für die menschliche Fortentwickelung größere Bedeutung die Männer gehabt, der andere sagen würde, die Frauen. Im Kindheitszeitalter der Menschheit habe also das eine Geschlecht Bedeutung gehabt, jetzt aber das andere. Für den Kenner der geistigen Tatsachen ist es klar: So wie im äußeren physischen Leben sich die beiden Geschlechter verhalten, so verhalten sich Glauben und Wissen. Das müssen wir als scharfe und bedeutsame Tatsache ins Auge fassen, und wir sehen damit richtig. Bis so weit geht der Parallelismus, daß wir sagen können: Wie ein Mensch – wir haben das öfters betont – in den aufeinanderfolgenden Inkarnationen das Geschlecht wechselt, so daß er in der Regel abwechselnd Mann und Weib ist, so folgt in der Regel auf eine mehr gläubige eine mehr vernunftmäßige Inkarnation, dann wieder eine mehr gläubige und so weiter. Ausnahmen gibt es ja, so daß auch mehrere männliche oder weibliche Inkarnationen aufeinander folgen können. Aber die Dinge stehen in der Regel durchaus in gegenseitiger Befruchtung und Ergänzung.

Aber noch andere Kräfte der Menschen stehen in einer ähnlichen Ergänzung, zum Beispiel die beiden Seelenfähigkeiten, die wir bezeichnen wollen als Liebefähigkeit und innere Kraft, so daß im Menschen Selbstgefühl liegt, innere Harmonie, inneres auf Sich-selbst-Gebautsein, und daß wir wissen, was wir zu tun haben im Leben. Auch in dieser Beziehung wirkt das menschliche Karma abwechselnd in den verschiedenen Inkarnationen, indem es in einem Menschen in einer Inkarnation mehr ausprägt die hingebungsvolle Liebe für seine Umgebung, eine Art Selbstvergessenheit, eine Art Aufgehen in seiner Umgebung. Und es wird eine solche Inkarnation abwechseln mit einer Inkarnation, wo der Mensch sich wiederum mehr berufen fühlt, sich nicht zu verlieren an die Außenwelt, sondern sich zu stärken in seinem Inneren, so daß er die Kraft dazu verwendet, um selber weiterzukommen. Natürlich wird dieses letztere nicht ausarten dürfen zu Lieblosigkeit, wie ersteres auch nicht ausarten darf und kann in vollständiges Verlieren des eigenen Selbstes. Diese zwei Dinge gehören wiederum zusammen. Und es darf durchaus immer wieder betont werden, daß es nicht schon genügt, wenn Anthroposophen ein Opfer bringen wollen. Manche Menschen wollen recht gern und recht viele Opfer bringen – aber um für die Welt taugliche Opfer zu bringen, muß der Mensch erst die Kraft haben für diese Opfer. Der Mensch muß erst etwas sein, bevor er sich opfern kann, sonst ist das Opfer der Ichheit nicht besonders viel wert. Es ist auch in gewisser Beziehung eine Art von – wenn auch verhaltenem – Egoismus, von Bequemlichkeit, wenn man nicht dahin strebt, sich zu vervollkommnen, weiterzustreben, damit das, was man leisten kann, auch ein Wertvolles ist.

Es könnte scheinen – aber ich bitte, dies nicht mißzuverstehen –, wie wenn wir die Lieblosigkeit predigten. Es ist so, daß sehr leicht die äußere Welt den Anthroposophen heute vorwirft: Ihr strebt danach, eure Seele zu vervollkommnen, vorwärtszukommen in bezug auf eure Seele! Ihr werdet Egoisten! – Nun muß zugegeben werden, daß viele Schrullen, viele Fehlerhaftigkeiten und Irrtümer in diesem Streben der Menschen nach Vollkommenheit auftreten können. Man braucht durchaus nicht immer gerade bloß eitel Sympathie zu haben mit demjenigen, was sehr häufig unter Anthroposophen auftaucht unter dem Prinzip der Entwickelung. Hinter diesem Streben steckt vielfach ausserordentlich viel unerlaubter Egoismus.

Auf der anderen Seite muß betont werden, daß wir in einer Zeit leben, in einer Kulturepoche, in der unendlich viel Verschwendung getrieben wird gerade mit hingebungsvoller Opferwilligkeit. Wenn auch Lieblosigkeit allerorten vorhanden ist, so ist auch ungeheuer viel Verschwendung von Liebe und Opferwilligkeit vorhanden. Das soll nicht mißverstanden werden; aber man soll sich klar darüber sein, daß Liebe, wenn sie nicht mit weiser Führung des Lebens, mit weiser Einsicht in die entsprechenden Verhältnisse auftritt, sehr am unrechten Orte sein kann und so eher zum Schaden als zum Nutzen der Menschen sein kann.

Wir leben in dem Zeitalter, in dem eine große Anzahl von Menschen nötig hat, daß wiederum etwas hereindringt in die Seele, was die Seele vorwärtszubringen vermag, wiederum etwas von dem, was die Anthroposophie bringt, um ihre Seelen reicher, inhaltsvoller zu machen. Die Menschheit muß für die nächste Inkarnation und auch schon für das Wirken zwischen Tod und neuer Geburt dasjenige anstreben, was Taten sein können, die nicht nur auf altem Herkommen beruhen, sondern was neue Taten sind. Diese Dinge müssen durchaus mit großem Ernst und wahrer Würde betrachtet werden, denn das muß als Tatsache feststehen, daß die Anthroposophie eine Mission hat, daß sie wie ein Kulturkeim ist, der eben in die Zukunft hineinwächst und aufsprießen muß. Wie das aber sich vollzieht im Leben, das können wir am besten einsehen, wenn wir solche karmischen Zusammenhänge, wie Glaube und Vernunft, Liebe und Selbstgefühl ins Auge fassen. Derjenige Mensch, der im Sinne unserer Zeitentwickelung davon überzeugt ist, daß, wenn man durch die Pforte des Todes geht, sich gleich anschließt eine außerirdische Ewigkeit, irgendwo außerhalb dieser Welt, der wird niemals zu wahrer Würdigung des Seelenfortschritts kommen können, denn er wird sich sagen: Wenn ein Fortschritt da ist, so kannst du ihn doch nicht ganz umfassend gestalten als solchen, denn du bist nur vorübergehend, nur eine kurze Weile in dieser Welt und hast dich nur für die andere Welt vorzubereiten.

Und doch ist es so, daß wir am allerlebensweisesten werden an dem, was wir verfehlt haben. Wir lernen an dem, was wir verfehlt haben. Gerade an dem, was uns nicht gelungen ist, werden wir am allerweisesten. Und fragen Sie sich ernsthaft, wie oft Sie die Gelegenheit haben, das, was Sie verfehlt haben, genau in derselben Situation wie vorher zu wiederholen? Selten wird sich diese Lage ergeben. Und wäre das Leben nicht etwas höchst Sinnloses, wenn die Lebensweisheit, die wir uns aus den Fehlern aneignen können, für diese irdische Menschheit verlorenginge? Nur dann, wenn wir wiederum zurückkehren können, wenn wir in einem ganz neuen Leben anwenden können, was wir als Lebenserfahrung uns in früheren Leben angeeignet haben, nur dann hat das Leben einen Sinn. Daher ist es sinnlos, überhaupt nach Vollkommenheit der Seele zu streben, für dieses Erdendasein sowohl, wenn es als einziges angesehen wird, wie auch für jene außerirdische Ewigkeit.

Und erst recht sinnlos ist es für diejenigen, die nach dem Durchgang durch die Todespforte alles Dasein zu Ende sein lassen. Was für Kräfte, was für Energien und Lebenssicherheit würde es den Menschen geben, wenn sie wüßten, daß sie die Kraft, die scheinbar verlorengeht, in einem neuen Leben verwerten können! Die Kultur der Gegenwart ist deshalb eine solche, wie sie ist, weil außerordentlich wenig für diese Kultur gesammelt worden ist in den Inkarnationen, die der Mensch vorher durchgemacht hat. Wahrhaftig, die Seelen sind verarmt in den aufeinanderfolgenden Inkarnationen. Woher kommt es, daß die Seelen verarmt sind?

Blicken wir zurück auf jene uralten Zeiten, die vor dem Mysterium von Golgatha liegen; da war noch ein altes Hellsehen, da waren noch magische Willenskräfte vorhanden. So war es noch bis in die christliche Zeit hinein. Aber was hereingeragt hat aus den höheren Welten in den letzten Zeiten des alten Hellsehens, das war nur noch das Böse, das Dämonische. Überall sehen wir in den Evangelien angeführt in der Umgebung des Christus Jesus dämonische Naturen. Was in den alten Zeiten in den menschlichen Seelen war als ursprünglicher Zusammenhang mit den göttlich-geistigen Kräften und Wesenheiten, das war den Seelen verlorengegangen. Dann trat der Christus in die Menschheit herein. Die Menschen, die gegenwärtig leben, haben zwei, drei oder vier Inkarnationen seit jenem Zeitpunkt erlebt, je nach ihrem Karma. So wie das Christentum gewirkt hat bis jetzt, so hat es wirken müssen, weil schwache, ausgeleerte Seelen in der Menschheit waren. Es konnte seine innerliche Kraft nicht entfalten, weil schwache Seelen in der Menschheitsentwickelung drinnen waren. Wie das der Fall war, kann man ermessen, wenn man eine andere Welle der Menschheitskultur ins Auge faßt, nämlich jene Welle, die im Morgenland die Menschheitsentwickelung zum Buddhismus geführt hat. Der Buddhismus hat die Überzeugung von Reinkarnation und Karma, aber er hat sie so, daß er den Fortgang der Menschheitsentwickelung so betrachtet, als ob er nur die Aufgabe hätte, den Menschen nun so schnell wie möglich aus dem Leben herauszubringen. Im Morgenlande wirkte eine Welle, in der der Drang nach Dasein nicht mehr vorhanden war. Also sehen wir, wie alles, was den Menschen zur Erdenmission begeistern soll, bestimmen soll, wie alles das gewichen ist bei den Angehörigen derjenigen Kulturwelle, die den Buddhismus trägt. Und würde der Buddhismus im Abendlande eine besondere Verbreitung gewinnen, so würde dies ein Beweis dafür sein, daß diejenigen Seelen zahlreich sind, die zu den schwächsten, den lebensuntüchtigsten gehören, denn diese wären es, welche ihn annehmen würden. Überall, wo der Buddhismus auftreten könnte in irgendeiner Form im Abendlande, würde das ein Beweis sein dafür, daß die Seelen so schnell wie möglich hinaus wollen aus der Erdenmission, daß sie sich nicht abfinden können mit ihr.

Als das Christentum sich ausbreitete im südlichen Europa und übernommen wurde von den nördlichen Völkern, da waren diese Völkerseelen stark in ihrer instinktiven Kraft. Sie verleibten sich das Christentum ein, aber es konnte zunächst nur seine äußeren Seiten hervorheben, das heißt dasjenige, wofür es besonders wichtig ist, daß der Mensch in der gegenwärtigen Kultur eine Vertiefung des Christus-Impulses erreichen kann, so daß dieser Christus-Impuls die innerste Kraft der menschlichen Seele selber wird und daher die Seele immer reicher und reicher wird und immer innerlicher und innerlicher, indem sie der Zukunft entgegenlebt. Schwächere Inkarnationen haben die menschlichen Seelen durchgemacht; das Christentum hat sie zunächst äußerlich gestützt. Jetzt sind die Zeiten gekommen, wo die Seelen innerlich stark und kräftig werden müssen. Daher wird es im späteren Gang der Zukunft wenig ausmachen, was die Seele im äußeren Leben tun wird. Darauf aber wird es ankommen, daß sie sich selber findet, daß sie sich verinnerlicht, daß sie Vorstellungen darüber gewinnt, wie man das Innerliche in das äußere Leben einführt, wie man die Erdenmission durchziehen kann mit dem, was man an Bewußtsein, an starker Innerlichkeit gewinnt durch das Durchdrungensein mit den Wahrheiten von Reinkarnation und Karma.

Wenn der Anfang auch nur bescheiden gemacht wird mit dem Eindringen der Ideen von Reinkarnation und Karma in das Leben, diese bescheidenen Anfänge sind doch von ungeheurer Wichtigkeit. Je mehr wir dazu kommen, den Menschen sozusagen nach seinen innerlichen Fähigkeiten zu beurteilen, das Leben zu verinnerlichen, desto mehr führen wir das herbei, was der Grundcharakter einer zukünftigen Menschheit sein muß. Das äußere Leben wird immer komplizierter, das läßt sich nicht aufhalten; aber zusammenfinden werden sich die Seelen in der Innerlichkeit. Da mag der einzelne diese oder jene Tätigkeit äußerlich vollbringen, was innerliches Gut der Seele ist, das wird im anthroposophischen Leben die einzelnen Seelen zusammenführen und sie dahin wirken lassen, daß dieses anthroposophische Leben immer mehr auch in die äußere Kultur einzufließen vermag. Wir wissen, daß das gesamte äußere Leben gestärkt wird, wenn die Seele ihre Wirklichkeit findet in der Anthroposophie; deshalb finden sich Menschen aller einzelnen äußeren Lebensrichtungen und aller einzelnen äußeren Lebensberufe und äußeren Lebenscharaktere zusammen. Die Seele der äußeren Kulturbewegung selber wird geschaffen durch das, was uns in der Anthroposophie entgegentreten kann: Beseelung des äußeren Lebens. Damit diese eintreten kann, muß zuerst einziehen in die Seele das Bewußtsein von dem wichtigen Karmagesetz. Je mehr wir der Zukunft entgegenleben, um so mehr muß der einzelne in ihm Beseelung des ganzen Lebens fühlen können.

Durch die äußeren Gesetze, die äußeren Einrichtungen wird die äußere Lebensführung so kompliziert werden, daß die Menschen sich nicht mehr auskennen werden. Dagegen wird durch das Durchdrungensein mit dem Karmagesetz in die Seele sich einleben das Wissen dessen, was sie tun soll, um von innen heraus den Weg durch die Welt zu gehen. Das wird sie am besten finden da, wo die Dinge durch das innere Seelenleben geregelt sind. Wir haben im Leben solche Dinge, wo es ganz gut vorwärtsgeht, weil jeder dem inneren Trieb folgt, der ihn sicher leitet. Eine solche Sache ist zum Beispiel das Auf-der-Straße-Gehen. Es ist durchaus noch nicht jedem einzelnen vorgeschrieben, daß er auf diese oder auf die andere Straßenseite ausweichen soll. Und dennoch stoßen nicht jedesmal zwei Menschen, die einander begegnen, zusammen, weil es eine innere Notwendigkeit gibt, der sie folgen. Sonst müßte man neben jeden Menschen einen Schutzmann hinstellen, der ihm befiehlt, links oder rechts zu gehen. Es ist zwar das Bestreben in einzelnen Kreisen, daß der Mensch immer auf der einen Seite einen Schutzmann, auf der anderen Seite einen Arzt haben soll; das läßt sich ja noch nicht ausführen! Aber man kommt da am besten vorwärts, wo man seinem ungezwungenen Inneren folgt. Dazu muß dieses hingerichtet sein im menschlichen Zusammenleben auf die menschliche Achtung, muß ins Auge fassen die menschliche Würde. Und das kann nur geschehen, wenn die Menschen so erfaßt werden, wie sie erfaßt werden können, wenn das Gesetz von Reinkarnation und Karma berücksichtigt wird. Dieses menschliche Zusammenleben wird sich nur dann auf einem höheren Gebiet vollziehen, wenn in die Seele sich einleben wird die Bedeutung dieses Gesetzes von Reinkarnation und Karma. Das zeigt uns am besten eine konkrete Betrachtung wie etwa der Zusammenhang von Glaube, Inbrunst und von Wissen, von Liebe und von Selbstgefühl; das zeigt uns solch eine Betrachtung, wie wir sie gestern angestellt haben.

Nicht umsonst wollte ich solche Vorträge wie den gestrigen und den heutigen vor Ihnen halten. Es handelt sich hierbei nicht so sehr um das, was gesagt wird; das könnte auch anders gesagt werden. Was gestern und heute gesagt worden ist, erscheint nicht in erster Linie von Wichtigkeit. Von Wichtigkeit aber scheint mir das zu sein, daß sich diejenigen, die sich zur Kulturbewegung der Anthroposophie bekennen, so durchdringen mit den Ideen von Reinkarnation und Karma, daß sie ein Bewußtsein davon bekommen, wie das Leben anders werden muß, wenn das Bewußtsein von Reinkarnation und Karma in jeder Menschenseele vorhanden sein wird.

Es hat sich eben das gegenwärtige Kulturleben mit Ausschluß des Bewußtseins von Reinkarnation und Karma gebildet. Und das ist das Bedeutsamste, was durch die Anthroposophie eintreten wird, daß diese Dinge jetzt tatsächlich das Leben ergreifen, daß sie die Kultur durchsetzen und dadurch auch im wesentlichen umgestalten werden.

Geradeso wie sich ein heutiger Mensch, der da sagt, Reinkarnation und Karma seien Träumerei, Unsinn, man sehe ja, wie die Menschen geboren werden und wie sie sterben, daß aber etwas herausfliege beim Tode, das sehe man nicht, also brauche man keine Rücksicht darauf zu nehmen –, wie sich ein Mensch, der so spricht, zu dem verhält, der da sagt: Man sieht es nicht herausfliegen, aber man kann diese Gesetze in Rechnung ziehen und wird dann erst alle Lebensvorgänge erklärlich finden, kann gewisse, sonst unerklärliche Dinge erfassen –, so wird sich verhalten die Kultur der Gegenwart zu der der Zukunft, die dann umschließen wird die Gesetze, die Lehre von Reinkarnation und Karma. Und wenn diese beiden bei dem Zustandekommen der gegenwärtigen Kultur als allgemeine Gedanken der Menschheit keine Rolle gespielt haben, bei allen Kulturen der Zukunft werden diese Ideen eine allererste Rolle spielen!

Daß der Anthroposoph fühle, wie er in dieser Weise mitarbeitet an dem Hervorbringen einer neuen Kultur, das muß in seinem Bewußtsein leben. Diese Empfindung, dieses Gefühl von der intensiven Bedeutung von Reinkarnation und Karma für das Leben, dieses würde etwas sein, was heute eine Gruppe von Menschen zusammenhalten könnte, ungeachtet der äußeren Verhältnisse, in denen diese Menschen sind. Die Menschen, die von solcher Gesinnung zusammengehalten werden, können sich nur durch die Anthroposophie zusammenfinden.

ANMERKUNGEN ZU DIESER HERAUSGABE

Zu den Aufsätzen

11 *«Reinkarnation und Karma»:* Der Aufsatz ist hier in der Form wiedergegeben, wie er 1918 auf Weisung Rudolf Steiners herausgegeben worden ist. Statt der Worte «Anthroposoph oder Geisteswissenschafter», «anthroposophisch», «Anthroposophie oder Geisteswissenschaft» stand in «Luzifer»: «Theosoph», «theosophisch», «Theosophie».

Francesco Redi, 1626–1697, italienischer Arzt und Naturforscher. Redi zeigte, daß in keiner faulenden Flüssigkeit sich Würmer oder Maden erzeugen, wenn man die Fliegen abzuhalten wisse, die ihre Eier in die Flüssigkeit legen. Daraus prägte er den Grundsatz: «Omne vivum ex vivo».

Märtyrerschicksal Giordano Brunos oder Galileis: Der Dominikaner Giordano Bruno wurde am 17. Februar 1600 in Rom von der Inquisition wegen Ketzerei verbrannt. Galileo Galilei wurde wegen seines Eintretens für die Kopernikanische Lehre von der Inquisition angeklagt und zum Widerruf gezwungen.

Seit Pasteur seine Untersuchungen angestellt hat: Der Chemiker Louis Pasteur (1822–1895) bekämpfte aufgrund seiner Untersuchungen über den Gärungsprozeß und die darin wirksamen Hefebakterien die Theorie der Urzeugung. Siehe seine Schrift «Nouvel exemple de fermentation déterminé par des animacules infusoires pouvant vivre sans oxygène libre», 1863.

12 *von irgendeinem Virchow:* Rudolf Virchow (1821–1902), Mediziner und Anthropologe, hatte sich gegen die Spekulationen in der Descendenztheorie Huxleys («Affentheorie») gewandt.

Naturforscherversammlung ... 1903 ... Chemiker Ladenburg: Siehe Albert Ladenburg, «Über den Einfluß der Naturwissenschaften auf die Weltanschauung. Vortrag, gehalten auf der 75. Versammlung deutscher Naturforscher und Ärzte zu Kassel am 21. September 1903», Leipzig 1903.

13 *daß sich in Darwins Hauptwerk auch der Satz findet:* Siehe «Über die Entstehung der Arten im Tier- und Pflanzenreich durch natürliche Züchtung oder Erhaltung der vervollkommneten Rassen im Kampfe ums Dasein» (1859), Schlußbemerkung, Cap. 15, letzter Satz.

14 *«daß Haeckel, da wo er zu Hause ist, nichts anderes ist als Anthroposoph»:* Vgl. dazu Rudolf Steiners Aufsätze «Haeckel, die Welträtsel und die Theosophie» (in diesem Band S. 222), «Haeckel und seine Gegner» (GA Bibl.-Nr. 30, S. 152), «Die Kämpfe um Haeckels ‹Welträtsel›» (GA Bibl.-Nr. 30, S. 441), «Ernst Haeckel. Die Kunstformen in der Natur» (GA Bibl.-Nr. 30, S. 571), und Rudolf Steiners Vortrag «Die soziale Frage und die Theosophie», Berlin 26. Oktober 1905, in «Beiträge zur Rudolf Steiner Gesamtausgabe», Nr. 88, S. 24.

17 *daß sich der Mensch dadurch vom Tiere unterscheide, daß er zählen könne:* Konnte nicht nachgewiesen werden.

19f. *was der große Naturforscher Karl Gegenbaur vom Darwinismus gesagt hat:* Karl Gegenbaur, 1826–1903, Anatom. In seinen «Grundzügen der vergleichenden Anatomie» (Leipzig 1859, 2. Auflage 1870) «ist zum erstenmal die Deszendenztheorie auf das ganze Gebiet der vergleichenden Anatomie ebenso kühn wie vorsichtig angewendet und damit helles Licht über eine große Anzahl bis dahin dunkelster Phänomene verbreitet worden.» (Meyers Konv. Lexikon, 6. Auflage, 1907)

21 *also kann auch Jesus den Lazarus nicht auferweckt haben:* Siehe David Friedrich Strauß, «Das Leben Jesu», Zweiter Teil, Gesammelte Schriften, Band 4, Bonn 1877, Kapitel 77, Die Auferweckung des Lazarus, S. 198, 209.

was Carl von Linné ausgesprochen hat: Siehe «Genera plantarum», Frankfurt 1789, S. XII. (wörtlich): «Species tot sunt diversae, quot diversas formas ab initio creavit infinitum ens.»

schrieb David Friedrich Strauß diese Worte: Siehe «Der alte und der neue Glaube», Bonn 1881, Seite 180f.

Und da Huxley ... nachgewiesen hat: Thomas Henry Huxley, 1825–1895, englischer Zoologe. Siehe «Zeugnisse für die Stellung des Menschen in der Natur», drei Abhandlungen, Braunschweig 1863, S. 117.

23 *Ernst Haeckel, «Natürliche Schöpfungsgeschichte»,* Gemeinverständliche wissenschaftliche Vorträge über die Entwicklungslehre im allgemeinen und diejenige von Darwin, Goethe und Lamarck im besonderen, über die Anwendung derselben auf den Ursprung des Menschen und andere damit zusammenhängende Grundfragen der Naturwissenschaft, 24 Vorträge, Berlin 1868; 9. umgearbeitete und vermehrte Auflage, mit dem Portrait des Verfassers und mit 30 Tafeln sowie zahlreichen Holzschnitten, Stammbäumen und systematischen Tabellen, Berlin 1898.
Tiere, die in die Höhlen von Kentucky aus anderen Orten herkommen: Siehe Charles Darwin, «Die Entstehung der Arten» (Siehe Hinweis zu S. 13), 5. Kapitel, 2. Abschnitt, «Wirkungen des vermehrten Gebrauchs und Nichtgebrauchs ...»

25 *«Im Beginne»:* Dr. Paul Topinard, «Anthropologie», 2. Ausgabe Leipzig 888, nach der 3. französischen Auflage übersetzt von Dr. Richard Neuhauß, Seite 525f. Was Topinard «Grad» nennt, erscheint bei Ernst Haeckel («Natürliche Schöpfungs-Geschichte», II. Band, in der 9. Auflage Seite 716–728, mit Tabelle «Vorfahren-Reihe des menschlichen Stammbaums» mit nun «25 Hauptstufen der tierischen Ahnen-Reihe des Menschen») als «Ahnen-Stufe des Menschen».

27 *in dem Werk ... des ... Johannes Rehmke, eines der besten Denker unserer Zeit:* Siehe «Lehrbuch der allgemeinen Psychologie», Hamburg und Leipzig 1894, § 19, S. 141ff.

28 *«Wie ... in der unorganischen Natur»:* Siehe Julius Baumann, «Neuchristentum und reale Religion», Bonn 1901, Seite 48. Bei Baumann schließt der Satz mit dem Wort «(Lessing)».

Breslauer Chemiker Albert Ladenburg: Siehe «Über den Einfluß der Naturwissenschaften ...» (siehe Hinweis zu S. 12), S. 29f. und 30f.

29 *Dies ist der Inhalt des Karma-Gesetzes:* Vgl. dazu Rudolf Steiner, «Die Offenbarungen des Karma», Elf Vorträge in Hamburg 1910, GA Bibl.-Nr. 120, Vortrag vom 16. Mai 1910, S. 33.

29f. *In Maurice Maeterlincks «Begrabenem Tempel»:* Maeterlincks «Le temple enseveli» erschien 1902 und wurde im gleichen Jahr auch ins Deutsche übersetzt. Maurice Maeterlinck, Gesammelte Werke, übersetzt von Fr. von Oppeln-Bronikowski, Bd. IV der Philosophischen Werke, Jena 1911, S. 7.

33 *H.P. Blavatskys «Geheimlehre»:* Siehe Helena Petrowna Blavatsky, «The Secret Doctrine. The Synthesis of Science, Religion and Philosophy», 3 Bde., London 1888. Aus dem Englischen der dritten Auflage übersetzt von Robert Froebe: «Die Geheimlehre. Die Vereinigung von Wissenschaft, Religion und Philosophie», 3 Bde., Leipzig o.J. (1899).

«Welt- und Lebensanschauungen im neunzehnten Jahrhundert», Bd. I, Berlin 1900; Bd. 2, Berlin 1901. Das Werk erschien erweitert 1914 unter dem Titel «Die Rätsel der Philosophie in ihrer Geschichte als Umriß dargestellt», GA Bibl.-Nr. 18.

36 *was der Naturforscher Du Bois-Reymond ... gesagt hat:* Siehe Emil Du Bois-Reymond, «Über die Grenzen des Naturerkennens», Leipzig 1872, S. 26ff.

38 *Ewald Hering,* «Über das Gedächtnis als eine allgemeine Funktion der organisierten Materie», Wien 1870.

Ernst Haeckel stimmt mit den Ansichten Herings überein: Siehe Ernst Haeckel, «Über die Wellenzeugung der Lebensteilchen oder die Perigenesis der Plastidule», 1876, S. 41.

44 *Kant sagt:* Siehe «Kritik der praktischen Vernunft», II. Teil, Beschluß.

Und Kant selbst ist es: Siehe Immanuel Kant, «Allgemeine Naturgeschichte und Theorie des Himmels», 1755.

54 *das ... so viel besprochene Pferd des Herrn von Osten:* Anfangs des Jahrhunderts erregte in Deutschland ein Pferd mit Namen «Der kluge Hans» Aufsehen, weil es komplizierte Multiplikations- und Divisionsaufgaben durch Huftritte richtig beantworten konnte. Durch den Unterricht seines Besitzers, des Herrn von Osten, schien das Pferd gelernt zu haben, selbständig zu rechnen. Auch mittels unzähliger Expertisen konnten keine Tricks oder Betrügereien festgestellt werden. Erst Oskar Pfungsts empirische Untersuchung löste später das Rätsel: unbewußte und unbeabsichtigte Körperbewegungen der Aufgabensteller (die die Lösung kannten!) gaben

dem auf solche Bewegungen hochsensibilisierten Pferd die nötigen Zeichen. Siehe Oskar Pfungst, «Das Pferd des Herrn von Osten (Der kluge Hans). Ein Beitrag zur experimentellen Tier- und Menschenpsychologie», mit einer Einleitung von Prof. Dr. C. Stumpf sowie einer Abbildung und fünfzehn Figuren, Leipzig 1907.

64 *Phidias,* um 500–423 v. Chr., berühmter athenischer Bildhauer.

Zu den Fragen und Antworten

Ab Dezember 1903 begann Rudolf Steiner in der von ihm herausgegebenen Zeitschrift «Lucifer» (ab 1904 «Lucifer-Gnosis») Fragen aus dem Leserkreis zu beantworten. Er führte diese Rubrik mit folgenden Worten ein:

Im folgenden beginnen wir theosophische Fragen zu beantworten, die uns vom Publikum gestellt werden. Bedenken, Zweifel, Gewissensfragen usw. sollen hier zur Sprache kommen. Wer in dieser Richtung ein Anliegen hat, den bitten wir, sich an den Herausgeber der Zeitschrift, Dr. Rudolf Steiner, Berlin W, Motzstraße 17, zu wenden.

In der vorliegenden Taschenbuchausgabe wurden diejenigen Fragenbeantwortungen aufgenommen, die sich auf das Thema Reinkarnation und Karma beziehen. Diese und die weiteren Fragenbeantwortungen sind enthalten in dem Band «Lucifer-Gnosis. Gesammelte Aufsätze 1903–1908», GA Bibl.-Nr. 34.

Zu den Vorträgen

Textunterlagen: Rudolf Steiners völlig frei gehaltene Vorträge wurden von verschiedenen stenographisch mehr oder weniger gut geschulten Freunden festgehalten. Die drei Berliner Vorträge dieses Bandes wurden von Walter Vegelahn, Berlin, mitstenographiert, die beiden Stuttgarter Vorträge von Rudolf Hahn, Reinach bei Basel. Dem gedruckten Text liegt deren eigene Übertragung in Klarschrift zugrunde.

Werke Rudolf Steiners innerhalb der Gesamtausgabe (GA) werden in den Hinweisen mit der Bibliographie-Nummer angegeben. Siehe auch die Übersicht am Schluß des Bandes.

69 *An die Bemerkungen ... die durch unsere Generalversammlungszeit unterbrochen worden sind ... Während also die Betrachtungen, die wir im Herbst gepflogen haben:* Rudolf Steiner bezieht sich hier auf seine letzten Vorträge im Berliner Zweig «Die Evolution vom Gesichtspunkte des Wahrhaftigen», 5 Vorträge in Berlin vom 31. Okt. bis 5. Dez. 1911, GA Bibl.-Nr. 132.

71 *in der kleinen Schrift «Reinkarnation und Karma, vom Standpunkte der modernen Naturwissenschaft notwendige Vorstellungen»:* In diesem Bande.

75 *Niels Henrik Abel,* 1802–1829, Mathematiker, berühmt durch die Begründung der Theorie der elliptischen Funktionen und die allgemeine Theorie der Integrale algebraischer Funktionen.

75 *So ist mir eine Persönlichkeit bekannt:* Es ist nicht bekannt, auf wen Rudolf Steiner sich hier bezog.

in der nächsten Inkarnation in die innere Organbildung eingeht: Siehe Rudolf Steiner, «Entsprechungen zwischen Mikrokosmos und Makrokosmos – Der Mensch, eine Hieroglyphe des Weltenalls», 16 Vorträge, Dornach 9. April bis 16. Mai 1920, GA Bibl.-Nr. 201.

84 *an dem letzten Zweigabend:* Der erste Vortrag dieses Bandes.

90 *Otto von Bismarck*, 1815–1898, «Gedanken und Erinnerungen».

91 *auch hier schon erwähnt:* Im ersten Vortrag (Seite 76/77) dieses Bandes.

Während in der physischen Welt das, was sich der Mensch durch die Vorstellungen vergegenwärtigt, eigentlich nur mit dem physischen Material ausgedrückt mitgenommen wird, was leicht übersehen werden kann ...: Diese unklare Textstelle lautet in den Notizen eines anderen Nachschreibenden folgendermaßen: «Nach dem Tode bilden wir uns nicht Vorstellungen in der Art, wie wir sie uns hier bilden, sondern da *sehen* wir die Vorstellungen, da sind sie Wahrnehmungen. Während in der physischen Welt die Vorstellungen mit den äußeren Eindrücken mitgenommen werden und diese leicht übersehen werden können, ist das anders nach dem Tode. Rot und Blau kann der Mensch nach dem Tode nicht sehen wie hier auf dem physischen Plan, aber statt dessen sieht er die Vorstellungen, alles, was man hier vorstellungsmäßig, sogar begriffsmäßig kennenlernt.»

93 *Friedrich Hebbel*, Sämtliche Werke, besorgt von Richard Maria Werner, Berlin 1901 ff., 2. Abtlg.: Tagebücher. 1. Bd., Seite 392, Nr. 1745: «Nach der Seelenwanderung ist es möglich, daß Plato jetzt wieder auf einer Schulbank Prügel bekommt, weil er den Plato nicht versteht.»

Was tragen wir für einen Inhalt in unserem Seelenleben mit uns herum?: Siehe hierzu Rudolf Steiner, «Anthoposophie, Psychosophie, Pneumatosophie», 12 Vorträge, Berlin 1909–1911, GA Bibl.-Nr. 115.

95 *Arthur Schopenhauer*, 1788–1860.

99 *das Beispiel ist von mir... auch anderswo erzählt worden:* Siehe «Das esoterische Christentum und die geistige Führung der Menschheit», GA Bibl.-Nr. 130.

101 *Christian Rosenkreutz ... Individualität, von der wir noch werden sprechen können:* In Berlin erfolgte dies im Vortrag vom 22. Dezember 1912 in GA Bibl.-Nr. 141 «Das Leben zwischen dem Tode und der neuen Geburt im Verhältnis zu den kosmischen Tatsachen».

104 *Betrachtungen, die wir zuletzt hier angestellt haben:* Bezieht sich auf die beiden ersten Vorträge dieses Bandes.

104 *anthroposophische Bewegung – in unseren Gedanken wenigstens – scharf zu trennen von irgendeiner gesellschaftlichen Einrichtung:* Bis zum Jahre 1923 hatte Rudolf Steiner Bewegung und Gesellschaft stets getrennt, von 1913 bis 1923 hatte er auch selber keine andere Stellung in der Gesellschaft, als diejenige des Lehrers und Beraters. Bei der Neubegründung der Allgemeinen Anthroposophischen Gesellschaft als internationale Gesellschaft mit Sitz am Goetheanum in Dornach versuchte er Bewegung und Gesellschaft zu verbinden, indem er persönlich den ersten Vorsitz übernahm. Siehe Rudolf Steiner, «Die Weihnachtstagung zur Begründung der Allgemeinen Anthroposophischen Gesellschaft», GA Bibl.-Nr. 260, und «Die Konstitution der Allgemeinen Anthroposophischen Gesellschaft und der Freien Hochschule für Geisteswissenschaft. Der Wiederaufbau des Goetheanum», GA Bibl.-Nr. 260a.

106 *daß es luziferische Kräfte und Wesenheiten gibt:* Siehe Rudolf Steiner, «Die Geheimwissenschaft im Umriß», GA Bibl.-Nr. 13.

109 *Mystiker wie Jakob Böhme,* 1575–1624, oder *[Immanuel] Swedenborg,* 1688–1772: Siehe hierzu zum Beispiel den Vortrag Dornach vom 23. September 1923 in GA Bibl.-Nr. 225 «Kulturphänomene».

109f. *Lessings «Erziehung des Menschengeschlechts»:* Gotthold Ephraim Lessing, 1729–1781; seine Schrift erschien 1780. Die drei letzten der darin abgehandelten hundert Paragraphen lauten:
«§ 98. Warum sollte ich nicht so oft wiederkommen, als ich neue Kenntnisse, neue Fertigkeiten zu erlangen geschickt bin? Bringe ich auf einmal so viel weg, daß es der Mühe wieder zu kommen etwa nicht lohnet? / § 99. Darum nicht? – Oder, weil ich es vergesse, daß ich schon dagewesen? Wohl mir, daß ich das vergesse. Die Erinnerung meiner vorigen Zustände würde mir nur einen schlechten Gebrauch des gegenwärtigen zu machen erlauben. Und was ich auf jetzt vergessen *muß*, habe ich denn das auf ewig vergessen? / § 100. Oder, weil so zu viel Zeit für mich verloren gehen würde? – Verloren? – Und was habe ich denn zu versäumen? Ist nicht die ganze Ewigkeit mein?»

110 *im öffentlichen Vortrage:* «Kopernikus und seine Zeit im Lichte der Geisteswissenschaft», Berlin, 15. Februar 1912, in «Menschengeschichte im Lichte der Geistesforschung», 16 Vorträge, 19. Oktober 1911 bis 28. März 1912, GA Bibl.-Nr. 61.

118 *So haben wir gesprochen über die Mission des Zornes, über das menschliche Gewissen, über das Gebet:* Siehe Rudolf Steiner, «Metamorphosen des Seelenlebens / Pfade der Seelenerlebnisse», achtzehn Vorträge Berlin 1901/10, GA Bibl.-Nrn. 58 und 59.

119 *Wenn Sie einen solchen Vortrag verfolgen wie den letzten öffentlichen:* «Der Tod bei Mensch, Tier und Pflanze», Vortrag vom 29. Februar 1912, in «Menschengeschichte im Lichte der Geistesforschung», 16 Vorträge, Berlin 1911/12, GA Bibl.-Nr. 61.

121/122 *Was bei den Theosophen getrieben wird … / Der Gegensatz zu uns …:* Rudolf Steiner bezieht sich hier auf die damalige Auseinandersetzung mit der Theosophischen Gesellschaft. Vgl. «Die Geschichte und die Bedingungen der anthroposophischen Bewegung im Verhältnis zur Anthroposophischen Gesellschaft», GA Bibl.-Nr. 258.

130 *Hebbel:* Vergleiche Hinweis zu Seite 93.

135 *was wir gelernt haben zum Beispiel über die Art, wie die verschiedenen einzelnen menschlichen Glieder herauskommen im Verlaufe des Lebens:* Besonders anschaulich dargestellt findet sich dies in dem Aufsatz «Die Erziehung des Kindes vom Gesichtspunkte der Geisteswissenschaft» (1907), innerhalb der Gesamtausgabe in GA Bibl.-Nr. 34 «Luzifer-Gnosis 1903–1908».

140 *«Die Erziehung des Kindes vom Gesichtspunkte der Geisteswissenschaft»:* Vergleiche vorangehenden Hinweis.

143f. *Mißverständnis möglich, wenn … viele Persönlichkeiten, auch solche Persönlichkeiten, die zu uns gehören, die anthroposophische Bewegung mit irgendeiner äußeren Organisation (verwechseln):* Bezieht sich auf den Unterschied von «Bewegung» und «Gesellschaft» als Organisationsträger der Bewegung. Vgl. den Hinweis zu Seite 84.

144 *Jakob Böhme:* Vergleiche Hinweis zu Seite 109.

148 *daß man für dasjenige, was man unmittelbar als Arbeit leistet, einen der Arbeit entsprechenden Lohn, der die Arbeit geradezu bezahlt, einheimsen müsse:* Siehe «Geisteswissenschaft und soziale Frage», drei Aufsätze, Berlin 1905/06, in «Luzifer-Gnosis 1903–1908», GA Bibl.-Nr. 34.

151 *Kopernikus … sein Werk … dem Papst gewidmet hat:* Nikolaus Kopernikus, 1473–1543. Sein schon viel früher verfaßtes Werk «De revolutionibus orbium coelestium libri VI», gewidmet Papst Paul III., gelangte erst 1543 in Nürnberg zum Druck. Zunächst durch die Widmung an den Papst geschützt, kam das Werk jedoch 1615 auf den Index. Bei den Einschränkungen von 1757 wurde es nicht vom Index entfernt; erst 1822 wurde es gestrichen, als das Sacrum Officium erklärte, daß die Herausgabe von Werken, welche von der Bewegung der Erde und dem Stillstand der Sonne handeln, nicht verboten sei.

seit dem Foucaultschen Pendelversuch: Der Physiker Léon Foucault, 1819 bis 1868, demonstrierte im Jahre 1851 im Panthéon zu Paris die Drehung der Erde durch ein freischwingendes Pendel.

152 *daß mir diese Erkenntnis von der Erdbewegung, als ich ein kleiner Bub war:* Siehe «Mein Lebensgang», GA Bibl.-Nr. 28.

153 *Die Erde … ist ein Staubkorn im Weltenall den anderen Welten gegenüber:* Ein von Herbert Spencer, 1820–1903, geprägtes Wort.

157 *wir haben das öfters betont:* Siehe zum Beispiel in «Die Offenbarungen des Karma», den Vortrag Hamburg vom 28. Mai 1910, GA Bibl.-Nr. 120.

LITERATURHINWEIS

(GA = Rudolf Steiner Gesamtausgabe)

Zur Weiterführung und Vertiefung der Darstellungen des vorliegenden Bandes sei auf folgende Ausgaben von Rudolf Steiner verwiesen:

Schriften

Theosophie. Einführung in übersinnliche Welterkenntnis und Menschenbestimmung (1904). GA Bibl.-Nr. 9 (Taschenbuch tb 615)

Wie erlangt man Erkennntnisse der höheren Welten? (1904/05). GA Bibl.-Nr. 10 (Taschenbuch tb 600)

Die Geheimwissenschaft im Umriß (1910). GA Bibl-Nr. 13 (Taschenbuch tb 601)

Ein Weg zur Selbsterkenntnis des Menschen (1912). GA Bibl.-Nr. 16 (im Taschenbuch tb 602)

Die Schwelle der geistigen Welt (1913). GA Bibl.-Nr. 17 (im Taschenbuch tb 602)

Vorträge

Ursprung und Ziel des Menschen. Grundbegriffe der Geisteswissenschaft. Vortrag III: Reinkarnation und Karma. Dreiundzwanzig Vorträge, Berlin 29. September 1904 bis 8. Juni 1905. GA Bibl.-Nr. 53 (Taschenbuch tb 682)

Die Welträtsel und die Anthroposophie. Vortrag XII: Wiederverkörperung und Karma. Zweiundzwanzig Vorträge, Berlin 5. Oktober 1905 bis 3. Mai 1906. GA Bibl.-Nr. 54 (Taschenbuch tb 683)

Geist und Stoff, Leben und Tod. Sieben Vorträge, Berlin 15. Februar bis 31. März 1917. GA Bibl.-Nr. 66

Vor dem Tore der Theosophie. Vierzehn Vorträge, Stuttgart 22. August bis 4. September 1906, mit zwei Fragenbeantwortungen. GA Bibl.-Nr. 95

Ursprungsimpulse der Geisteswissenschaft. Einundzwanzig Vorträge, Berlin 29. Januar 1906 bis 12. Juni 1907. GA Bibl.-Nr. 96

Die Theosophie des Rosenkreuzers. Vierzehn Vorträge, München 22. Mai bis 6. Juni 1907. GA Bibl.-Nr. 99 (Taschenbuch tb 643)

Menschheitsentwickelung und Christus-Erkenntnis. Das Johannes-Evangelium. Vierzehn Vorträge, Kassel 16. bis 29. Juni 1907 und acht Vorträge, Basel 16. bis 25. November 1907, GA Bibl.-Nr. 100

Das Johannes-Evangelium. Zwölf Vorträge, Hamburg 18. bis 31. Mai 1908. GA Bibl.Nr. 103 (Taschenbuch tb 644)

Geisteswissenschaftliche Menschenkunde. Neunzehn Vorträge, Berlin 19. Oktober 1908 bis 17. Juni 1909. GA Bibl.-Nr. 107

Das Prinzip der spirituellen Ökonomie im Zusammenhang mit Wiederverkörperungsfragen. Dreiundzwanzig Vorträge, gehalten zwischen dem 21. Januar und dem 15. Juni 1909 in verschiedenen Städten. GA Bibl.-Nr. 109

Das Lukas-Evangelium. Zehn Vorträge, Basel 15. bis 26. September 1909. GA Bibl.-Nr. 114

Der Christus-Impuls und die Entwickelung des Ich-Bewußtseins. Sieben Vorträge, Berlin 25. Oktober 1909 bis 8. Mai 1910. GA Bibl.-Nr. 116

Okkulte Geschichte. Esoterische Betrachtungen karmischer Zusammenhänge von Persönlichkeiten und Ereignissen der Weltgeschichte. Sechs Vorträge, Stuttgart 27. Dezember 1910 bis 1. Januar 1911. GA Bibl.-Nr. 126

Die Mission der neuen Geistesoffenbarung. Sechzehn Vorträge, gehalten zwischen dem 5. Januar und 26. Dezember 1911 in verschiedenen Städten. GA Bibl.-Nr. 127

Die Evolution vom Gesichtspunkte des Wahrhaftigen. Fünf Vorträge, Berlin 31. Oktober bis 5. Dezember 1911. GA Bibl.-Nr. 132

Das Leben zwischen dem Tode und der neuen Geburt im Verhältnis zu den kosmischen Tatsachen. Zehn Vorträge, Berlin 5. Novembr 1912 bis 1. April 1913. GA Bibl.-Nr. 141

Das Karma des Berufes des Menschen in Anknüpfung an Goethes Leben. Zehn Vorträge, Dornach 4. bis 27. November 1916. GA Bibl.-Nr. 172

Menschliche und menschheitliche Entwicklungswahrheiten. Das Karma des Materialismus. Siebzehn Vorträge, Berlin 29. Mai bis 25. Sept. 1917. GA Bibl.-Nr. 176

Esoterische Betrachtungen karmischer Zusammenhänge. Siebenundsiebzig Vorträge (in sechs Bänden), gehalten zwischen dem 28. Januar und 28. September 1924 in Dornach und in verschiedenen Städten. GA Bibl.-Nrn. 235–240

RUDOLF STEINER GESAMTAUSGABE
Überblick über das literarische und künstlerische Werk

Erste Abteilung: Die Schriften

I. Werke

Goethes Naturwissenschaftliche Schriften, eingeleitet und kommentiert von R. Steiner, 5 Bände, 1884–97, Neuausgabe 1975 (Bibl.-Nr. 1a–e); separate Ausgabe der Einleitungen, 1925 (Bibl.-Nr. 1)

Grundlinien einer Erkenntnistheorie der Goetheschen Weltanschauung, 1886 (Bibl.-Nr. 2)

Wahrheit und Wissenschaft. Vorspiel einer «Philosophie der Freiheit», 1892 (Bibl.-Nr. 3)

Die Philosophie der Freiheit. Grundzüge einer modernen Weltanschauung, 1884 (Bibl.-Nr. 4)

Friedrich Nietzsche, ein Kämpfer gegen seine Zeit, 1895 (Bibl.-Nr. 5)

Goethes Weltanschauung, 1897 (Bibl.-Nr. 6)

Die Mystik im Aufgange des neuzeitlichen Geisteslebens und ihr Verhältnis zur modernen Weltanschauung, 1901 (Bibl.-Nr. 7)

Das Christentum als mystische Tatsache und die Mysterien des Altertums, 1902 (Bibl.-Nr. 8)

Theosophie. Einführung in übersinnliche Welterkenntnis und Menschenbestimmung, 1904 (Bibl.-Nr. 9)

Wie erlangt man Erkenntnisse der höheren Welten? 1904/05 (Bibl.-Nr. 10)

Aus der Akasha-Chronik, 1904–08 (Bibl.-Nr. 11)

Die Stufen der höheren Erkenntnis, 1905–08 (Bibl.-Nr. 12)

Die Geheimwissenschaft im Umriß, 1910 (Bibl.-Nr. 13)

Vier Mysteriendramen: Die Pforte der Einweihung – Die Prüfung der Seele – Der Hüter der Schwelle – Der Seelen Erwachen, 1910–13 (Bibl.-Nr. 14)

Die geistige Führung des Menschen und der Menschheit, 1911 (Bibl.-Nr. 15)

Anthroposophischer Seelenkalender, 1912 (in Bibl.-Nr. 40)

Ein Weg zur Selbsterkenntnis des Menschen, 1912 (Bibl.-Nr. 16)

Die Schwelle der geistigen Welt, 1913 (Bibl.-Nr. 17)

Die Rätsel der Philosophie in ihrer Geschichte als Umriß dargestellt, 1914 (Bibl.-Nr. 18)

Vom Menschenrätsel, 1916 (Bibl.-Nr. 20)

Von Seelenrätseln, 1917 (Bibl.-Nr. 21)

Goethes Geistesart in ihrer Offenbarung durch seinen «Faust» und durch das «Märchen von der Schlange und der Lilie», 1918 (Bibl.-Nr. 22)

Die Kernpunkte der sozialen Frage in den Lebensnotwendigkeiten der Gegenwart und Zukunft, 1919 (Bibl.-Nr. 23)

Aufsätze über die Dreigliederung des sozialen Organismus und zur Zeitlage 1915–1921 (Bibl.-Nr. 24)

Kosmologie, Religion und Philosophie, 1922 (Bibl.-Nr. 25)

Anthroposophische Leitsätze, 1924/25 (Bibl.-Nr. 26)

Grundlegendes für eine Erweiterung der Heilkunst nach geisteswissenschaftlichen Erkenntnissen. Von Dr. Rudolf Steiner und Dr. Ita Wegman, 1925 (Bibl.-Nr. 27)

Mein Lebensgang, 1923–25 (Bibl.-Nr. 28)

II. Gesammelte Aufsätze

Gesammelte Aufsätze zur Dramaturgie 1889–1901 (Bibl.-Nr. 29)

Methodische Grundlagen der Anthroposophie. Gesammelte Aufsätze zur Philosophie, Naturwissenschaft, Ästhetik und Seelenkunde 1884–1901 (Bibl.-Nr. 30)

Gesammelte Aufsätze zur Kultur- und Zeitgeschichte 1887–1901 (Bibl.-Nr. 31)

Gesammelte Aufsätze zur Literatur 1886–1902 (Bibl.-Nr. 32)

Biographien und biographische Skizzen 1894–1905 (Bibl.-Nr. 33)

Luzifer-Gnosis. Grundlegende Aufsätze zur Anthroposophie und Berichte aus der Zeitschrift «Luzifer» und «Lucifer-Gnosis» 1903–1908 (Bibl.-Nr. 34)

Philosophie und Anthroposophie. Gesammelte Aufsätze 1904–1918 (Bibl.-Nr. 35)

Der Goetheanumgedanke inmitten der Kulturkrise der Gegenwart. Gesammelte Aufsätze aus der Wochenschrift «Das Goetheanum» 1921–1925 (Bibl.-Nr. 36)

III. Veröffentlichungen aus dem Nachlaß

Briefe – Wahrspruchworte – Bühnenbearbeitungen – Entwürfe zu den Vier Mysteriendramen 1910–1913 – Anthroposophie. Ein Fragment aus dem Jahre 1910 – Gesammelte Skizzen und Fragmente – Aus Notizbüchern und -blättern (Bibl.-Nrn. 38–47)

Zweite Abteilung: Das Vortragswerk

I. Öffentliche Vorträge

Die Berliner öffentlichen Vortragsreihen («Architektenhaus-Vorträge») 1903/04 bis 1917/18 (Bibl.-Nrn. 51–67)

Öffentliche Vorträge, Vortragsreihen und Hochschulkurse an anderen Orten Europas 1906–1924 (Bibl.-Nrn. 68–84)

II. Vorträge vor Mitgliedern der Anthroposophischen Gesellschaft

Vorträge und Vortragszyklen allgemein-anthroposophischen Inhalts – Evangelien-Betrachungen – Christologie – Geisteswissenschaftliche Menschenkunde – Kosmische und menschliche Geschichte – Die geistigen Hintergründe der sozialen Frage – Der Mensch in seinem Zusammenhang mit dem Kosmos – Karma-Betrachtungen (Bibl.-Nrn. 91–244)

Vorträge und Schriften zur Geschichte der anthroposophischen Bewegung und der Anthroposophischen Gesellschaft (Bibl.-Nrn. 251–263)

III. Vorträge und Kurse zu einzelnen Lebensgebieten

Vorträge über Kunst: Allgemein-Künstlerisches – Eurythmie – Sprachgestaltung und Dramatische Kunst – Musik – Bildende Künste – Kunstgeschichte (Bibl.-Nrn. 271–292)

Vorträge über Erziehung (Bibl.-Nrn. 293–311)

Vorträge über Medizin (Bibl.-Nrn. 312–319)

Vorträge über Naturwissenschaft (Bibl.-Nrn. 320–327)

Vorträge über das soziale Leben und die Dreigliederung des sozialen Organismus (Bibl.-Nrn. 328–341)

Vorträge für die Arbeiter am Goetheanumbau (Bibl.-Nrn. 347–354)

Dritte Abteilung: Das künstlerische Werk

Reproduktionen und Veröffentlichungen aus dem künstlerischen Nachlaß

Originalgetreue Wiedergaben von malerischen und graphischen Entwürfen und Skizzen Rudolf Steiners in Kunstmappen oder als Einzelblätter: Entwürfe für die Malerei des Ersten Goetheanum – Schulungsskizzen für Maler – Programmbilder für Eurythmie-Aufführungen – Eurythmieformen – Entwürfe zu den Eurythmiefiguren, u.a.

Die Bände der Rudolf Steiner Gesamtausgabe sind innerhalb einzelner Gruppen einheitlich ausgestattet. Jeder Band ist einzeln erhältlich. Ausführliche Verzeichnisse können beim Verlag angefordert werden.